MANUAL DO CORAÇÃO PARTIDO

COMO SAIR DA PIOR E DAR A VOLTA POR CIMA

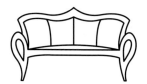

Mari Ramos

MANUAL DO CORAÇÃO PARTIDO

COMO SAIR DA PIOR E DAR A VOLTA POR CIMA

1ª edição

RIO DE JANEIRO | 2017

CIP-BRASIL. CATALOGAÇÃO NA PUBLICAÇÃO
SINDICATO NACIONAL DOS EDITORES DE LIVROS, RJ

R143m

Ramos, Mari
Manual do coração partido: como sair da pior e dar
a volta por cima / Mari Ramos. - 1ª ed. - Rio de Janeiro:
BestSeller, 2017. il.

ISBN: 978-85-465-0054-3

1. Sexo. 2. Amor. 3. Relações homem-mulher. I. Título.

17-42902

CDD 306.7
CDU 392.6

Texto revisado segundo o novo Acordo Ortográfico da Língua Portuguesa.

Manual do coração partido
Copyright © 2017 by Mari Ramos

Layout de capa: Marina Avila
Imagens de capa: Shutterstock, Swifticons e Freepik
Editoração eletrônica: Ana Dobón

Direitos exclusivos de publicação em língua portuguesa
para o mundo adquiridos pela
EDITORA BESTSELLER LTDA.
Rua Argentina, 171, parte, São Cristóvão
Rio de Janeiro, RJ - 20921-380
que se reserva a propriedade literária desta tradução

Impresso no Brasil

ISBN: 978-85-465-0054-3

Seja um leitor preferencial Record. Cadastre-se e receba
informações sobre nossos lançamentos e nossas promoções
www.record.com.br

Atendimento e venda direta ao leitor:
mdireto@record.com.br ou (21) 2584-2002

Dedicado a todos aqueles que já sofreram por amor e acharam que o mundo iria acabar... Mas não acabou! Aqueles que se recuperaram e depois sofreram de novo. E aí, sim, acharam que o mundo fosse acabar. Mas não acabou, de novo...

Prefácio 9
O coração partido e o jogo da amarelinha 11
Antes de começar 15

1. A RESSACA DA NEGAÇÃO 17
As mil e uma voltas 19
O vírus do sofrimento 23
Inconformadas resistentes 27
O silêncio e o não 31
Profetas e ilusionistas 35
Quiz do Game Over 37

2. A MONTANHA-RUSSA DA RAIVA 43
A histeria e a *timeline* 47
A tecnologia e a agonia 49
Não tem "tu" vai "tatu" 53
Walking Dead bipolar 57
10 coisas para pensar antes de mandar
    uma mensagem 61
Decodificador de emojis 63

3. O *SLOW MOTION* DA DEPRESSÃO 65
Você sabe que atingiu o fundo do poço quando 69
Aparições inexplicáveis 71

Ladainha da autopiedade 73

Trilha sonora do fundo do poço 75

Playlist da fossa 79

5 coisas que ele não está fazendo enquanto
você está sofrendo 81

10 dicas para mudar o seu foco 83

4. NEGOCIAÇÃO *MODE ON* **85**

Programa de milhagem do amor 87

Hollywood da dor de cotovelo 89

Complexo de Gigi 91

Trocando lágrimas por livros 95

O "por que não eu?" 99

Escaladoras de poços 101

Checklist da renovação 103

5. O VOO DA ACEITAÇÃO **105**

Passando recibo 107

Por uma vida melhor 111

Um café e uma página virada 115

Uma mala e muitas possibilidades 119

Ele até que é bonitinho 121

E agora? 127

Feel Good Playlist 129

Top 10 pequenos prazeres da vida 131

AS REGRAS E O JOGO **133**

"Levanta, sacode a poeira e dá a volta por cima!"

Um clássico do fundo do poço. Praticamente um mantra que sai, de modo automático, da boca das pessoas. Quem nunca escutou essa célebre frase quando estava na pior, chorando por migalhas de alguém que provavelmente já estava dançando em outro quadrado? Mas "sacudir a poeira" parece tão descabido, tão fora de propósito, no momento em que você está se enxergando afundado na lama... Impossível. Você já não sabe mais onde começa a lama e onde termina o que sobrou de você. Na verdade, restou o pó. Só o pó. E, se você resolver sacudir... A impressão é de que não vai restar nada.

Já sei, já sei... A intenção é maravilhosa, digníssima. Seu amigo só quer ver você melhor, resgatá-lo do poço profundo e obscuro em que você se enfiou e deixá-lo pronto para outra. Nesse contexto, a frase é a melhor versão sambinha-brasileiro-estamos-juntos da amizade. Mas o fato é que, quando você está verdadeiramente no fundo do poço, chafurdado na lama, quando pensa seriamente (digo, seriamente mesmo!) em cortar os pulsos e passa os dias em casa imaginando várias versões dramáticas para sua morte, incluindo hospital, polícia, choro, vela e enterro, quando nem sua mãe é capaz de aguentar mais as lamúrias do seu passado com o fulano ou a fulana, a regra é simples (embora não seja óbvia para a maioria): citar Fernando Pessoa, Nietzsche ou Alcione não vai ajudar! Definitivamente.

Bom, então isso significa que vamos parar de citar os clássicos para os amigos de coração partido? Claro que não. Vamos continuar, como bons amigos que somos, a procurar e citar frases cafonas de efeito (zero) que exprimam nossas condolências ao luto do sofredor. Afinal, quem já passou por isso sabe que pior do que perder um grande amor, e ter de ouvir essas frases cretinas que não ajudam em nada, é passar por tudo isso sem a ajuda dos amigos com essas mesmas frases cretinas que não ajudam em nada. Aí, sim, deve ser duro.

E é por isso que, não importam quais sejam as fontes de inspiração — de Jeito Moleque a Vinicius de Moraes — como bons amigos que são, eles continuarão acreditando que aquela simples frase cafona vai servir de incentivo para dias melhores.

E assim será sempre que tivermos nosso coração partido... Mas, com amigos do nosso lado, declamando frases no parapeito do nosso poço, ainda que munidos dos piores versos da literatura popular brasileira, o processo se torna menos doloroso, mais suportável e, quem sabe, até divertido. Melhor um poço com uma trilha sonora controversa de amigos do que ficar no silêncio com a solidão.

O CORAÇÃO PARTIDO E O JOGO DA AMARELINHA

Quando alguém que amamos vai embora, seja qual for o motivo, deixa um buraco no peito. Parece que perdemos parte de nós. O coração entra em luto. O mundo, imediatamente, vira um filme em preto e branco, os dias ficam nublados, perde-se a orientação. Questões nunca antes imaginadas começam a borbulhar na cabeça e a principal delas é: "O que eu fiz pra merecer isso?" A despedida forçada dói para burro... E é muito difícil entendê-la. Mais ainda aceitá-la.

Superar esse luto é como um jogo de amarelinha: mesmo que estejamos nos sentindo como que pulando em uma perna só, desequilibrados, sem parte de nós, precisamos tentar encontrar o equilíbrio, nos manter em pé. Além disso, precisamos avançar uma casa de cada vez. Não é possível sair do inferno e chegar ao céu sem passar por todos os obstáculos. O caminho é sofrido, tem pedras, exige persistência e superação. E a maior pedra parece estar no coração de quem nos abandonou. Insensível!

A palavra luto vem do latim *luctus* e significa "dor, aflição". É exatamente o que sentimos quando estamos sofrendo a dor do amor. Porque o luto, ainda que quando simbólico, é real e pungente para nosso corpo. Segundo conceitos da psicologia, o luto é um processo necessário e fundamental para autoconhecimento, já que todos nós, mais cedo ou mais tarde, perderemos alguém pelo caminho... É um processo natural da vida. Certo como dois e dois são quatro.

No entanto, quando o luto é no coração... o morto está vivo! Porque o luto não necessariamente acompanha a realidade material das coisas. O morto pode estar por aí, dançando numa boate, assistindo a um jogo no Maracanã ou indo todos os dias ao escritório. E mesmo assim tentamos enterrá-lo...

Os capítulos deste livro são inspirados nos diferentes momentos pelos quais um coração partido passa. Não há regras para isso, é claro, mas é comum que a dor tenha seu início, meio, ápice e, ufa, fim. E assim são as sessões que dividem este manual.

Por vezes você se identificará, por vezes perceberá que seu momento foi diferente daquilo que lê. Não há precisão cronológica para a dor, não há sequência certa. Afinal, estamos falando dos males do amor e, se por acaso existe alguma fórmula para isso, ela certamente está muito bem guardada. Até agora não encontrei ninguém que parecesse conhecê-la.

Por fim, embora coração partido não seja brincadeira de criança, leia este livro pensando em um jogo de amarelinha no qual você joga a pedra e pula de casa em casa. Seu momento pode não estar no capítulo certo, com o título certo ou pode não ter o gênero certo conjugado. No entanto, sabemos que há uma identificação de sentimentos na dor do luto e do amor, e o fato de você não estar sozinho em meio a todo esse sofrimento (sim, milhões de pessoas estão passando por esse momento ao mesmo tempo) pode trazer o esboço de um sorriso ao seu rosto.

> *Aliás, este livro se propõe a exatamente isso:*
> é uma humilde tentativa de fazer você sorrir de novo, superando a dor de cotovelo.

No fundo, não há manual para um coração partido, nunca existirá algo infalível para curar um coração dilacerado. Mas existe tempo, existem amigos, existem livros, existe vinho!

E aqui vamos nós.

POEMA EM LINHA RETA
por Álvaro de Campos

Nunca conheci quem tivesse levado porrada.
Todos os meus conhecidos têm sido campeões em tudo.

E eu, tantas vezes reles, tantas vezes porco, tantas vezes vil,
Eu tantas vezes irrespondivelmente parasita,
Indesculpavelmente sujo,
Eu, que tantas vezes não tenho tido paciência para tomar banho,
Eu, que tantas vezes tenho sido ridículo, absurdo,
Que tenho enrolado os pés publicamente nos tapetes das etiquetas,
Que tenho sido grotesco, mesquinho, submisso e arrogante,
Que tenho sofrido enxovalhos e calado,
Que quando não tenho calado, tenho sido mais ridículo ainda;
Eu, que tenho sido cômico às criadas de hotel,
Eu, que tenho sentido o piscar de olhos dos moços de fretes,
Eu, que tenho feito vergonhas financeiras, pedido emprestado sem pagar,
Eu, que, quando a hora do soco surgiu, me tenho agachado,
Para fora da possibilidade do soco;

Eu, que tenho sofrido a angústia das pequenas coisas ridículas,
Eu verifico que não tenho par nisto tudo neste mundo.

Toda a gente que eu conheço e que fala comigo
Nunca teve um ato ridículo, nunca sofreu enxovalho,
Nunca foi senão príncipe — todos eles príncipes — na vida...

Quem me dera ouvir de alguém a voz humana
Que confessasse não um pecado, mas uma infâmia;
Que contasse, não uma violência, mas uma cobardia!
Não, são todos o Ideal, se os oiço e me falam.
Quem há neste largo mundo que me confesse que uma vez foi vil?
Ó príncipes, meus irmãos,

Arre, estou farto de semideuses!
Onde é que há gente no mundo?

Então sou só eu que é vil e errôneo nesta terra?

Poderão as mulheres não os terem amado,
Podem ter sido traídos — mas ridículos nunca!
E eu, que tenho sido ridículo sem ter sido traído,
Como posso eu falar com os meus superiores sem titubear?
Eu, que tenho sido vil, literalmente vil,
Vil no sentido mesquinho e infame da vileza.

A RESSACA DA NEGAÇÃO

Negue. Negue, negue e negue. Negue que ele não te pertence mais...

Pois é... Depois de um relacionamento estável e duradouro, admitir e encarar a negação do outro pode ser um processo muito doloroso. Nos negamos a acreditar na possibilidade de que aquele companheiro que sempre esteve ao nosso lado já não quer mais estar. Seja lá qual for o motivo. O dia seguinte ao término de um relacionamento é como acordar com a pior ressaca do mundo: você quer morrer! Ou, para as menos dramáticas, quer voltar a dormir e só acordar quando tudo já estiver bem, só quando a dor passar.

Infelizmente, assim como não há cura oficial para a ressaca — cada um tem sua fórmula única de encarar o dia seguinte a uma bebedeira monstruosa —, também não há cura oficial para a dor de cotovelo. Mas uma coisa é certa: o gosto amargo da ressaca dispara o gatilho da negação.

A fase da negação é o momento inicial do término, quando você ainda se recusa a aceitar a partida do boy (ou da girl). Afinal, não é possível que aquilo tenha acontecido! Seu corpo sente o peso da ressaca amorosa e se vê obrigado a aceitar o fim, já que não há nada a fazer. Mas sua mente... Ah, a sua mente... Ela se nega terminantemente a acatar aquela mensagem dada pelo outro (mensagem muito clara, por sinal): o sonho acabou!

Não, não aceito! Vou continuar agindo como se eu ainda fosse namorada OU vou ligar para ele para conversarmos mais uma vez OU vou escrever um e-mail gigante mostrando tudo o que sinto e ele vai se sensibilizar e voltar a me amar e seremos ainda mais felizes depois de superar isso OU vou enviar uma mensagem declarando meu ódio e ele terá medo de me perder e vai pedir para voltar OU vou ligar para a mãe dele OU vou tomar uns bons drinques, colocar meu melhor sapato, chegar de surpresa no bar onde sei que ele estará agora e ele será meu de novo OU, em uma tentativa desesperada de chamar a atenção do boy, vou jogar todas essas fichas de uma vez só.

Ai, o amor... Capaz de transformar (e transtornar) nossa personalidade lúcida e sensata, não? Porque, no fundo, sabemos que a negação nada tem a ver com o sentimento do outro e em nada mudará o que ele sente por nós. Mas o corte repentino em nossa rotina e o abandono emocional doem demais, e a única coisa que nos passa pela cabeça, nesse momento delicado e penoso, é a palavra NÃO. Isso NÃO aconteceu.

AS MIL E UMA VOLTAS

DEPOIS DE NEGAR DE TODAS AS FORMAS POSSÍVEIS e imagináveis que o relacionamento chegou ao fim, de achar que foi só um pesadelo, que você entendeu errado ou que o outro não teria sido capaz de fazer aquilo, inicia-se uma nova etapa. Você consegue admitir que terminou. Sim, acabou, realmente aconteceu. No entanto, a única coisa em que pensa é em VOLTAR. E aí começa a fase na qual pensamos em mil e uma maneiras de trazer o amado ou amada de volta. Até esgotarmos as possibilidades.

Festas, jantares, estratégias de encontro, desculpas para buscar livros velhos, encontros "por acaso", chantagem, sequestro, búzios, tarô... E coitados dos amigos mais próximos: a obrigação de "dar força sempre" é colocada à prova nesse momento de maneira intensa... Nível hard!

Nossa cabeça dá voltas. O que fiz de errado? Será que ele tem outra? Será a vizinha? Foi influência de amigo? Afinal, eles sempre têm um amigo babaca que desperta o demônio da "solteirice". Será que foi fofoca da mãe dele? Aquela intrometida... Será a fase "lobo solitário" chegando? Enlouqueceu? Mudou de time? O que pode ser?

VOCÊ É CAPAZ DE FALAR AS MAIORES ATROCIDADES E ABOBRINHAS QUANDO ESTÁ SOFRENDO DE AMOR... JÁ ESCUTEI DE TUDO POR AÍ. VAMOS A UMA LISTA?

1. Nunca mais vou amar ninguém da maneira como eu amava fulano. (Ah não? Imagina o Channing Tatum chegando em você numa festa? Pronto. Vai amar!)

2. Vou ficar sozinha para sempre. (Acredite, não vai. O chavão da vovó funciona: tem sempre um chinelo velho para um pé descalço. Afffff, odiamos esse ditado verdadeiro!)

3. Isso foi castigo porque na 3ª série eu cuspi na cartinha de amor do Carlinhos e desprezei o pobre do menino. (Carlinhos hoje mora no Leblon e não está nem aí para você, superou.)

4. Foi algo que eu fiz no último encontro. (Não! Ele terminou porque quis. Nada do que você fizesse iria mudar essa decisão que, infelizmente, foi só dele.)

5. Se eu fosse mais magrinha, isso não teria acontecido. (No desespero, isso pode vir à nossa mente, mas depois a gente recupera a lucidez e entende a loucura desse pensamento. Não é?)

6. Odiamos hipocrisia. Autoajuda megalomaníaca do tipo "Você é o máximo, você é bom em tudo, acredite que você é a melhor e mais bela pessoa do mundo" não ajuda em nada. Mas isso dá assunto para mais um livro. No entanto, agora, precisamos fazer um esforço sobre-humano para recuperar nossa sensatez, colocar os pensamentos no lugar e refletir: sim, podemos ter errado. Afinal, todo mundo erra.

Portanto, fazer um balanço da relação e das nossas atitudes não vai fazer mal a ninguém, pelo contrário. É o primeiro passo para tentar afastar o ódio despertado pelo fulano que nos deixou ou a sensação horrível de que somos um lixo.

Esses sentimentos extremos podem nos afastar do caminho do meio, que é onde provavelmente encontraremos as perguntas certas para a situação:

O que que houve?

O que fiz, o que quis, o que ele fez ou quis de mim?

Do que me arrependo ou não?

O que levo para o próximo relacionamento?

Refletir sobre essas perguntas com profundidade faz com que a gente saia daquele ciclo vicioso de ficar planejando e replanejando as mil e uma voltas com o ex.

O VÍRUS DO SOFRIMENTO

CEDO OU TARDE, O VÍRUS VAI TE PEGAR: você já negou o término quanto podia, já tentou voltar de tudo que é jeito, mas agora não dá mais para se enganar. Acabou. E o vírus do sofrimento te pegou. Vocês namoraram quase quatro anos, estavam praticamente (ou de fato) casados, ele participava da sua vida em quase tudo, você era amiga da irmã dele, odiavam e amavam as mesmas pessoas e já tinham até nomes para os bebês... E, mesmo assim, acabou!

É claro que ninguém vai te olhar torto por você estar sofrendo pelo término da relação, pelo contrário. Você está sofrendo cheia de dignidade, todos entendem sua tristeza, que a vida não está fácil, que homem é um bicho doido mesmo. Essa dor é socialmente aceita, e ninguém vai te acusar de ser superficial.

Vão é te dar muitos conselhos, confirmar o fato de você ter sido uma ótima companheira e lamentar muito sua perda. Seu luto não imprime humilhação nem vergonha, você está livre para sofrer. Então, sofra! Sofra, chore, fuja de todos, desligue o celular, fale com o espelho, passe um dia inteiro deitada na cama olhando para o teto. Invista na sua tristeza, vivencie-a da pior forma possível. Você está protegida pela lírica que envolve o amor; tem licença poética para sofrer como nos versos de Vinicius.

Faça isso por uma, duas semanas. Sua alma vai se sentir lavada, e a vontade de sofrer diminui porque o fundo do poço é exatamente isso aí que você está vivendo. Sensação de que pior do que está não pode ficar... *Everybody gets hurt*. E, infelizmente, chegou a sua vez. Lenços de papel por toda casa. Falta de vontade de se levantar. Uma dor que não cabe no peito. Feito gripe das fortes, o vírus do sofrimento derruba qualquer um.

Mas também não vamos ser exageradas na hora da dor... Voltemos ao "Poema em linha reta", de Fernando Pessoa. E quando nossa dor não é assim tão cheia de dignidade e nem carrega consigo um passado glorioso cheio de livros em comum e nomes de bebês? Porque sofrer horrores por causa de um casamento é aceitável, mas... Sofrer como uma condenada por causa de um casinho? E ainda por cima com um mané que você conheceu na night? Como assim?

Pois é aí que mora o perigo. Porque talvez não exista nenhum sentimento mais complicado do que a vergonha.

> **Convenhamos, quem nunca teve uma paixonite por um desses manés que, às vezes, são tããããão charmosos, tããão irresistíveis? Meu Deus!**

Mas não sejamos egoístas, viva e deixe sofrer! A amiga que ficou caidinha por um cara com quem ficou uma ou duas vezes, em condições etílicas desfavoráveis, na saída da boate ou na esquina de um desses botecos para onde adoramos sair "só para beber e conversar" também merece ser acalentada e levada a sério na sua dor. É claro que há um limite para esse tipo de ressaca de amor, mas sejamos flexíveis e solidárias... Afinal, quem nunca?

Vou contar um "causo": Amiga obcecou por um carinha que conheceu na internet. Várias mensagens por dia. Falavam sobre tudo, trabalho, família, amigos. WhatsApp bombando. Fotos, mensagens fofinhas, happy face, beijos estilizados.

Ela o "acompanhou" virtualmente em uma viagem de trabalho que ele fez em um final de semana. "São três horas da manhã, você me liga para falar coisas que só a gente entende". Rapaz parece estranho, pensei... Na época, os dois moravam em cidades relativamente distantes e precisariam combinar de verdade se quisessem se encontrar pessoalmente. Não rolava de tomar um chope na esquina e contar com o acaso.

Até que ela precisou ir à cidade onde ele morava e, explodindo de tão contente, foi dar a notícia a ele. Maravilha! Mas, no dia seguinte, ele não escreveu. Nem no outro. Nem no outro. A amiguinha pirou, achou que ele havia sofrido algum acidente, achou que ele pudesse estar sofrendo ameaças terroristas de alguma parte do mundo (terrorismo contra o quê?), achou que ele pudesse estar morto. Nada, o WhatsApp do cara continuava ativo. Estranhamos, mas, depois de uma semana sem notícias, ela percebeu que o sumiço dele era direcionado. Triste, despeitada, ela pediu (humilhada) satisfações e descobriu que ele "não estava preparado para aquilo tudo". Tudo o quê? Perguntou ela atônita. Um final de semana com a mulher com quem você vinha falando havia semanas? Resposta vaga, nuvens, brumas, alegorias.

Conclusão:

a amiga sofreu horrores por um cara que NÃO *conheceu pessoalmente. Quem* NUNCA? *E o que fazer, então? Todo mundo tem direito a sofrer sua dor de amor. Sofrer pode, sim, mas levanta, sacode a poeira e dá a volta por cima! (Toque personalizado da música no WhatsApp a partir de agora!)*

INCONFORMADAS RESISTENTES

UMA COISA É CERTA: é difícil superar o fim de um relacionamento e pode ser que, mesmo passadas as fases da ressaca da negação e das mil e uma ideias de volta e da entrega ao sofrimento, você ainda tenha caído na armadilha de se tornar uma inconformada (ou um inconformado). Temos dois principais tipos de inconformadas: a que não se conforma porque acha que o fulano nunca vai encontrar ninguém melhor do que ela (jura?); a que não se conforma porque acha que nunca vai encontrar ninguém melhor que o fulano (jura?). A inconformidade tem várias outras facetas, mas, por agora, vamos nos ater a essas duas que são as que mais podem causar mal-entendidos e até mesmo nos levar a situações humilhantes.

Em primeiro lugar, e com o coração na mão, eu vos digo: NÃO, NÃO, NÃO e NÃO! Não somos irresistíveis para todo mundo. Lamentável, isso deveria ser proibido, muito triste mesmo... Mas é a vida. Não há nada a se fazer quanto a isso. Cena de amor do filme *Querido John*: em uma praia linda da Califórnia, o gatão fala para a gatinha "você é o tipo ideal para todo homem".

Verdade? Bom, seria hipocrisia dizer que não há tipos de maior "alcance universal", mas... Quem são eles e elas? Gisele Bündchen, James Franco, Scarlett Johansson... Aham. Mas vamos tomar um chá de realidade, essas pessoas estão a quilômetros de distância da nossa vida comum. E, sim, provavelmente todas elas também já levaram um pé na bunda também.

Você não é "à prova de pé na bunda". Ninguém é. E não é porque não mereça ser feliz, ou porque não seja maravilhosa e gostosa, mas simplesmente porque mal de amor é como resfriado: ninguém está imune, todo mundo pega. Alguns são mais resistentes, outros ficam mais debilitados, mas o vírus está por aí. E todo mundo leva um pé na bunda uma vez na vida, ou duas, ou três...

Reconhecer erros e imperfeições é sempre difícil. Mas os fatos estão sempre à nossa frente e, às vezes, precisamos mexer em questões que talvez coloquem nosso ego lá embaixo por um tempo. "Alguém que eu amo prefere estar sozinho a estar comigo ao seu lado". Triste, não há como negar. Vamos sofrer, achar que não há mais luz no fim do túnel (odeio essa expressão!). Vamos praguejar e desgraçar o fulano até não poder mais. Estamos um caco, nada parece fazer sentido e tudo o que realmente quer é que ele se arrependa e volte a ser "amorzinho". Se isso não acontecer, prefere ser atropelada por um carro gigante que vem em sua direção na av. Rio Branco.

Pensando bem... Melhor que *ele* seja atropelado.

Você quer mais é estar viva para vê-lo rastejando e lambendo o chão em que você, poderosa, pisa com seu salto alto. Ambivalências da dor de cotovelo.

Como encontrar o equilíbrio entre superioridade despeitada e baixa autoestima destruidora? Sofremos, choramos e caímos. Estamos no chão. É humilhante. É arrasador. É devastador. Mas a verdade é que precisamos nos esforçar para encontrar esse balanço. Porque somos adultos. Porque, no fundo, sabemos o quanto a jornada de cada um é imprevisível e, se já é difícil entender nossos próprios caminhos e escolhas, mais ainda os de outra pessoa.

Se ele agora escolheu seguir o caminho dele sem você, paciência. Ainda que não nos conformemos, temos de aceitar. Pode parecer chavão, mas os motivos dele não diminuem quem você é. De nada adianta se tornar uma inconformada resistente e não enxergar que sua vida é mais do que ele. Se dependesse dele para existir, seria ele e não você. O fato de se sentir incompleta sem ele nesse momento pode ser muito angustiante, mas também é o que vai te levar ao caminho da transformação...

Em Grande Sertão: Veredas,
Guimarães Rosa diz que somos incompletos e estamos
sempre mudando (grande citação!). E isso também
nos torna pessoas melhores, mais humildes e mais flexíveis.
Ter o coração partido faz parte do jogo.
Game over. Start again!

UM "CAUSO", DE CARA: amiguinha conheceu um fulano incrível, homem dos sonhos, moço bom para casar. E sem baboseiras românticas irreais e em excesso: o cara era legal e eles até que conviveram por um período razoável de tempo, ela conhecendo os defeitos dele, mas jurando aceitá-los; e, é claro, se mostrando cheia de defeitos também, aos poucos, como todo mundo. Amaram-se para além dos defeitos. Tudo lindo e natural. Compatibilidades deliciosas, discordâncias amigavelmente debatidas.

Quem nunca viveu uma historinha assim? Incrivelmente fluida, cheia de momentos inesquecíveis, que nos faziam esquecer o tempo — que passava voando. Tudo tão legal que parecia muito bom para ser verdade. E quanta frustração ao constatarmos que tínhamos razão na nossa desconfiança despeitada! Aquele diabinho chato, às vezes travestido de tia velha, que surgia ao pé do ouvido com a sobrancelha levantada, dizendo: "Humm, sei não..."

Mas voltemos ao causo:

Lindos e jovens, os pombinhos tiveram de se separar por um período curto de tempo, que seria — segundo o fulano — facilmente driblável, pois a tecnologia hoje em dia coloca tudo e todos em contato a qualquer momento do dia ou da noite. E o fulano entrou em contato assim que chegou a seu distante destino. Três semanas passariam voando com aquela chuva de carinhas e beijinhos no WhatsApp. Até que, logo depois dos primeiros três ou quatro dias, fulano foi ficando escasso... Quer dizer, as mensagens de fulano foram ficando escassas.

Bom, deve ser falta de tempo. Fuso, talvez. O danado do Greenwich, né? Meridiano. Aham. A amiguinha começou a ajustar os horários das mensagens para que pudesse ter a certeza de pegar o amado ainda em situação de vigília. Mas não adiantou muito depois de um tempo. Primeira semana: dias um, dois e três bombando, com queda significativa da comunicação no sábado. Segunda semana: miada... Mensagens gerais e evasivas. É... o negócio não estava indo lá muito bem... Era preciso agir.

A amiguinha se corroía por dentro porque a incerteza do silêncio é uma das piores torturas para o coração apaixonado. O que será que aconteceu? Doença, sequestro, depressão, abdução? Será que ele está bem? Será que foi confundindo com um terrorista e levaram-no para Guantánamo? Tem wi-fi em Guantánamo? Estranho, porque ele está conseguindo conectar o WhatsApp de dentro da prisão... Ou será que teve algum problema seríssimo na mão e não consegue digitar mais nada?

Estranho, porque ele está conseguindo conectar o WhatsApp com alguma parte do corpo... Terceira semana: nada. A amiguinha pirou. Aconteceu algo, só pode ter acontecido. Pode ter a ver com polícia, bandido, terrorismo, doença, casamento, acidente aéreo, segunda família, combustão espontânea, desintegração molecular, possessão, espírito, mudança de sexo, KGB, Al Qaeda, Dalai Lama, carnaval fora de época... Caramba, tanta coisa... E a constatação real do que era veio, afinal, na quarta semana, depois de saber que fulano já havia voltado à cidade dela e ainda assim não a tinha procurado: não era NADA. Ele simplesmente não queria mais NADA com ela. E preferiu deixar que o silêncio falasse.

Mas o silêncio fala?
O silêncio é um não?

Esse é um problema entre gêneros, aparentemente. Porque, para a maioria dos homens, o silêncio fala "não". Sintaxe complicada essa, esse "não" é objeto e não advérbio — quero dizer que, para a maioria dos homens, o silêncio é um "não" (aqui o "não" é predicativo do sujeito, veja só). Mas, para as mulheres, o silêncio não fala. Nosso "não" é advérbio! O silêncio, para o gênero feminino, é só o silêncio, preenchido com Guantánamo, exorcismo ou Dalai Lama. Mas tudo sempre uma suspeita.

Então quer dizer que, quando ele permanece em silêncio por muito tempo, isso na verdade demonstra uma tremenda falta de interesse? SIM. Simples assim. Há exceções, claro, como quando o cara morre, por exemplo. E algumas outras. Mas, na maioria das vezes, sim... Meninos, de uma maneira geral, não jogam muito com seu interesse. Demonstram-no sem vergonha e, se não o demonstram, é porque, raro algumas exceções, o interesse no fundo não existe.

> Ouch... E por que fazem isso?

> Por que se calam?

Não seria mais fácil simplesmente ser sincero e verbalizar esse desinteresse?

Não. Não para eles... Ser honesto, porém cortês, nesse caso, exige um grau de sofisticação, requinte e sensibilidade que nem todo homem possui. Aliás, a maioria não possui. Acham mais fácil silenciar. Mas então é assim? As moças não merecem uma resposta direta e conclusiva? Até que ponto um relacionamento, ainda que tenha sido leve e fugaz, não merece um final concreto, efetivo e devidamente verbalizado? Pois é, mulheres pensam assim. E assim agem quando a história é inversa. Mas homens preferem colocar um ponto final onde não concluíram sequer uma frase. É a famosa elipse gramatical — nessa caso, emocional. E assim o silêncio falará por si só.

PROFETAS E ILUSIONISTAS

MUITAS VEZES NOS ILUDIMOS, tentamos humildemente enganar o destino, que já sabemos que nos espera (sorrateiro) em uma esquina mais distante. Mas vamos lá... Quem nunca?? (Sim, vamos continuar usando essa frase até o final.)

Porque tem gente que já sabe. E não precisa ser mágico e nem profeta! Tem gente que já sabe o final da história desde o início, e, ainda assim, se surpreende com o fim. Quem nunca fingiu não ver uma situação constrangedora que, naquele momento, nos revelou não apenas a situação em si, mas algo além. "Coisa boa daqui não vai sair..."

Quem nunca? Mas, na cegueira da paixão (eita!), achamos que essa vidência repentina não está com nada, descartamos, feito carta de baralho retirado da cartola. Achamos que as coisas se ajeitam por si só e que se nos esquecermos daquilo — daquilo que nos faz corar — o destino também esquecerá. Mas não esquece.

Mais um causo: Um amiguinho meu ficou com um cara gatinho, um pouco mais novo, mas parecia ser fofo. Primeiro encontro depois da night: foram fazer compras e tomar um cafezinho. Gatinho novinho solta um "brusa". Hein??? Amiguinho encantado com os olhos verdes do rapaz finge que não ouve. Papo segue e os encontrinhos também... Mas, por algum motivo, meu amigo mantém o pobre do novinho socialmente isolado. Ai, ai, ai. Amiguinhas cobram visitas. Nada. Meses se passam... Meu amigo some do mundo. Pouco tempo depois, aparece sozinho em um jantar das amigas. Arrasado, triste, desolado... E logo confessa tudo: "Há um gap cultural entre a gente". Choro de comoção etc. "Tentei fazê-lo voltar a estudar antes de apresentá-lo à galera". Só que não...

Ok, esse caso foi o extremo dos extremos. Uma espécie de licença cômica para mostrar que todos já tentaram driblar o real, mas ele escapa e insiste em aparecer — pura psicanálise lacaniana. O fato é que, por mais que seja doloroso revisitar o passado numa hora dessas, é de lá que vem grande parte das respostas que buscamos para decifrar a charada que muitas vezes se torna o fim de um relacionamento. Mas nada de paranoia! O que é realmente importante a gente no fundo reconhece. Não adianta inventar dramas, criar amantes ou crucificar a pobre da mãe dele sem motivo nenhum. Só você sabe qual foi o momento em que o fim se anunciou, se é que esse momento aconteceu. O início do fim para alguns vem mais cedo, como no caso do meu amiguinho — e ainda assim insistimos! Para outros, pode vir mais tarde. Mas o fim tem, sim, um início. E, na maioria das vezes, sentimos quando ele chega. Acredite, não é ilusão!

PARA ENTENDER MELHOR O MOTIVO do término do relacionamento, precisamos compreender, primeiro, a dinâmica da relação. E nada melhor do que um quiz (ai, não!) para nos ajudar a direcionar esse questionamento de forma prática. Sim, não adianta perguntar se ele terminou com você porque a deusa Vênus do amor na era de Aquário não chegou inteira para você esse mês. Sem menosprezar a astrologia, o motivo do fim provavelmente deve estar relacionado a algo mais mundano... E aqui vão algumas perguntas que podem te ajudar nessa reflexão. Tome nota!

1 **Vocês brigavam muito?**

a) Sim, guerra total, estilo Sr. e Sra. Smith.

b) Normal — por normal entendemos que, às vezes, uma vontade repentina de dar na cara dele brotava em você. Principalmente quando ele falava como se fosse um expert em qualquer assunto do universo.

c) Nunca brigamos.

2 **Você era muito ciumenta quando estavam juntos?**

a) Obsessiva, estilo Glenn Close em *Atração Fatal*.

b) Normal, dava umas olhadinhas no celular dele de vez em quando... afinal, quem nunca??

c) Não, nunca me preocupei com isso.

3 **Qual a palavra que melhor definia a relação de vocês?**

a) Intensa.

b) Alegre.

c) Sóbria.

4 **Qual a palavra que melhor definia o seu papel na relação de vocês?**

a) Mãe (você organizava o armário dele e era responsável pela organização da agenda do casal).

b) Namorada (você cobrava e era cobrada, escolhia o filme no sábado à noite mas só se ele pudesse escolher o jantar).

c) Amiga (você cuidava dele como uma irmã e era como uma filha para a mãe dele).

5 **Como você acha que será sua vida sem ele?**

a) Acho que ele foi a melhor coisa que aconteceu na minha vida, não serei mais feliz sem ele (antes mesmo de conferir a resposta, aqui vai a dica: não exagere, você deve ser sua melhor companhia).

b) Estou com vontade de me enfiar nas cobertas e só sair quando aparecer um namorado melhor, mais rico e mais alto.

c) Na prática, será um pouco pior, mas, no geral, a mesma coisa.

Respostas:

Se você respondeu muitas **letras A**, você provavelmente é uma pessoa intensa que precisa de equilíbrio.

Se você respondeu muitas **letras B**, seu namoro parece ter sido uma relação saudável que, como tudo nessa vida, teve seu fim... Você e ele provavelmente tomaram caminhos diferentes em algum momento da relação. Pense de forma sincera no que pode ter causado o fim do relacionamento.

Se você respondeu muitas **letras C**, sua relação era meio parada, né?

Se você não se identificou com **nenhuma das respostas** em nenhuma das questões, PARABÉNS! Você é uma pessoa normal, que possui demandas e respostas próprias que só cabem à sua situação e a você mesma. Mas, ainda assim, #reflita! Monte seu próprio quiz, ainda que ele exista somente na sua cabeça.

PARE, PENSE E RESPONDA HONESTAMENTE ÀS PERGUNTAS A SEGUIR:

1) Eu fui uma boa namorada?

2) Ele era um bom namorado?

3) Em que eu poderia ter sido melhor e mais compreensiva?

4) Como eu poderia ter me expressado melhor?

5) O que ele tinha que mais me incomodava?

6) O que em mim o incomodava muito?

7) Quais eram os motivos de nossas brigas?

8) Como me tornei uma pessoa melhor depois desse relacionamento?

O mais importante, nessa fase, é saber reconhecer nossos erros e acertos. Ninguém é o responsável sozinho pelo término, ainda que tenha tomado a atitude de terminar.

#REFLITA!
Ainda que seja para chegar à conclusão de que:

♥ você vacilou, agora é tarde e bola para frente (festival de chavões);

♥ apesar de tudo o que sentiam, e talvez ainda sintam um pelo outro, é hora de seguir caminhos separados pois ele tomou essa decisão e já não há nada que você possa fazer;

♥ você vai ser extremamente infeliz e ter tendências suicidas por algumas semanas (depois vai linda no shopping comprar uma blusinha como presente de fossa);

♥ ele é mesmo um idiota, você vai sofrer esse fim de semana e depois planeja é cair no samba;

♥ todas as respostas acima, não necessariamente nessa ordem, apesar de todas as contradições e da impossibilidade lógica da mesma pessoa sentir tudo isso ao mesmo tempo.

A MONTANHA-RUSSA DA RAIVA

A fase da raiva vem um pouco depois da fase da negação, quando entendemos que a separação não será algo temporário, mas, sim, uma situação permanente com a qual teremos que aprender a lidar, ainda que à nossa maneira.

Ele não te procurou. Você esperou, esperou e o pedido nunca chegou. Você tinha, inclusive, todas as respostas às perguntas que ele te fez — na sua imaginação! Toda aquela conversa que aconteceu somente na sua cabeça seria o ponto de partida para uma nova fase da relação de vocês — ele te entenderia melhor, vocês se expressariam mais e haveria mais diálogo daqui para frente. Ótimo. SERIA, ENTENDERIA, HAVERIA. Mas o diálogo não aconteceu. Ele não apareceu... E você tinha tanta coisa para dizer a ele...

Aí você parou para pensar e foi subindo aquela raiva... Aquela raivinha desse silêncio insuportável da parte dele. Quem ele pensa que é? Como ousa me desprezar assim, depois de tudo que fiz por ele? De tudo que conversamos, de tudo que vivemos? Depois de ter aguentado aquela mãe chata e aqueles primos malucos? E a fase da dureza, quando ele não tinha um real no bolso e mesmo assim eu mantive meus votos de amor "na riqueza e na pobreza"? E, agora, ele simplesmente percebeu que quer seguir seu caminho sozinho? Como assim???

"Pode isso, Arnaldo?"

Qualquer manual comum de autoajuda iria aconselhar que você tentasse converter essa tristeza em pensamentos positivos, que procurasse entender que Deus escreve certo por linhas tortas e que focasse nos ensinamentos que a vida te trouxe e blá, blá, blá. Tudo isso está correto. Mas, sejamos honestas, ainda não é o momento de ser assim tão compreensiva com a vida! Por enquanto, você tem o direito de gritar! De praguejar, de ter raiva do mundo!

Abrace essa causa. Tenha raiva dele e do mundo. Dele por não querer estar com você, do mundo por todo o resto — engarrafamento na Lagoa, chefe chato, comida gostosa que engorda, a conexão lenta da sua internet. Abrace e entenda sua causa. Porque ela tem prazo de validade — isso mesmo! Você tem todo o direito de ter raivinha do mundo e de ter seu período de licença poética para encarnar a moça triste das novelas.

Por um tempo, isso é libertador. Porque ter raiva de alguém que não te ama não deixa de ser uma maneira de cuidar de si mesma — pois você se sente, sim, merecedora desse amor. O problema está em deixar esse período se estender para além do seu controle. Ter raiva do mundo e ponto. O perigo é transformar-se na moça amarga para sempre e usar sua dor como desculpa para se afastar de todos, perdendo a capacidade de rir, sorrir e, principalmente, de gargalhar!

> *A fase da raiva é intensa, mas não pode ser permanente. É como uma montanha-russa:*
>
> a raiva sobe, sobe, sobe, mas uma hora tem que descer.
> E, de preferência, bem rápido! Mas isso não vai acontecer sem emoção. Emoção é parte do ticket do fim do relacionamento. Ainda que pareça eterna no momento em que a vivemos, sabemos que a dor de cotovelo passa.
> E passa mesmo, pode confiar!
> Mesmo que, às vezes, pareça que você está num looping eterno na montanha-russa.

A HISTERIA E A *TIMELINE*

OK, ELE TERMINOU COM VOCÊ. Você não queria, foi doloroso, houve choro, briga e ainda há muito rancor. E alguém teve a infeliz ideia de te dizer que a melhor vingança é mostrar que você está bem sem ele. Coisa que, definitivamente, todos sabem (e veem) que não é verdade. E, vamos ser francas, sem medo de parecer chata ou estraga-prazeres: essa fórmula só funciona quando é verdadeira. Quando você está REALMENTE bem. Reações químicas diferentes são liberadas quando estamos bem de verdade e quando estamos apenas fingindo estar bem *for the records*. E é nessa hora que a tecnologia pode ser uma verdadeira arma contra nós mesmas. Porque não há nada pior do que ressentimento compartilhado on-line!

Causo: por motivos de força maior, um amigo terminou com a namorada por quem ainda nutria um sentimento muito forte. Ele, na verdade, estava em dúvida, queria um tempo para pensar. *Voilà*. Uma semana depois, ele andava cabisbaixo e choroso, talvez já um pouco arrependido de sua decisão. Foi quando um amigo lhe mostrou uma foto que a ex havia postado no Facebook dela (de onde ele já havia sido deletado, obviamente): corte de cabelo radical, micro short e top mostrando a barriguinha, em uma tentativa desesperada de mostrar a saúde (mental??) que ainda tinha. Conclusão: ela realmente "causou". Os amigos tiveram uma crise de riso e o boy, espantado, achou melhor repensar a decisão de voltar. E, depois, não voltou. O tempo passa. Mas o registro do desespero continua lá, na *timeline* de todos — ainda que depois ela vire apenas uma *timeline* mental.

Melhor não postar frases de efeito de Clarice Lispector, Garcia Lorca, Cazuza ou Marcelo Camelo (para ser mais moderninha):

a genialidade de todos, no contexto de sua vida, só vai parecer respostinha ressentida travestida de intelectualismo esnobe. Faça apenas se estiver fazendo por e para você.
E não se engane! Às vezes, o por e para você é, na verdade, para ele... Querer atingir o boy pelo Facebook é sempre muito perigoso. O tiro, quase sempre, sai pela culatra.
Às vezes, o silêncio é a melhor resposta...
Ou, pelo menos, é a maneira mais digna de sofrer.
E depois passa. A vontade de gritar para todo Face ouvir passa. E o que fica no registro de sua *timeline* mental só você poderá lembrar.

A TECNOLOGIA E A AGONIA

CELULARES SÃO UMA INVENÇÃO ABENÇOADA, NÃO? Um aparelhinho bonitinho e cheio de informações, que nos conecta às pessoas que amamos — e às que não amamos também... Viva o bina, viva o Google Maps, viva o WhatsApp e as fotos sempre à mão que agora temos. Mas... sempre há um porém. Uma amiga costuma dizer que os celulares são nossa ponte aérea para o inferno e que, se forem da Apple, é uma passagem *first class*. Porque não é mole, não...

O advento dos smartphones nos trouxe a obrigação de estarmos disponíveis vinte e quatro horas por dia, em fuso horário universal, atendendo às demandas da amiga carente que está em Istambul, do chefe chato no Leblon, da mãe resfriada em Governador Valadares. Quem dá conta de tudo isso? E aquelas fotos que você mandou para o ex e ele disse que apagaria mas... Ai, meu Deus, será mesmo que apagou? Ai, que agonia!

E aquela mensagem de desabafo que você enviou em um "momento de fúria", falando mal da fulana, será que foi para a amiguinha certa? São tantas questões e angústias que nos perdemos no que é verdadeiramente importante (para cada um, é claro).

A quem responder primeiro? Qual e quem é minha prioridade? Tenho que ligar de volta para mamãe. Será que apaguei aquela foto de homem pelado que a mulherada do trabalho me mandou?? Ai, como eu fui lembrar disso só agora que meu sobrinho pegou meu celular para jogar?

E, em meio a tantas novas questões que a tecnologia nos trouxe, não poderia ser diferente: a expectativa de uma mensagem dele pode nos desestabilizar por completo, dependendo do desfecho — leia-se conteúdo da mensagem, pontuação, carinhas felizes ou tristes, bonequinho de abraço... Sabe aquela famosa cena de comédia romântica em que a mocinha ouve o telefone tocar e atende desesperada achando que é seu amado? Isso rola direto quando ouvimos o toque de uma mensagem chegando. E que decepção ao percebermos que não é ele... Carinha triste no nosso coração :(

Outro toque, dessa vez é ele! Será?

Não, de novo a mesma amiga que se esqueceu de fazer um comentário que não tem a menor importância. Que raiva! E o toque personalizado? Será que ajuda? Assim saberemos de antemão quem nos envia tal mensagem e quem está deixando de enviar... Bom, pode ser uma boa, se você prefere evitar palpitações cardíacas exageradas a cada vez que seu celular fizer barulhinho... Ou não.

Mas, por mais hipster que você seja, falemos francamente sobre o assunto: celulares viraram acessório fundamental na composição de nossa vida, fato quase irrefutável nos dias de hoje. Temos várias desculpas para acreditar nisso. Seja para fins profissionais, pessoais, seja para encurtar distâncias reais ou virtuais e até mesmo para nossa segurança, a maioria das pessoas adotou definitivamente esse pequeno item portátil e, assim é a vida, acabou se apegando a ele de forma quase maternal. Já vi homem feito chamando o iPhone de meu bebê.

Tenho uma amiga que "cobre" o celular com duas folhas de guardanapo todas as vezes que o apoia em alguma mesa de restaurante (ela diz que é por causa da gordura, mas, conhecendo-a bem, acho que ela tem medo do bichinho sentir frio por causa do ar-condicionado).

Outra amiga não consegue manter uma conversa sem olhar para baixo (onde descansa o amiguinho portátil) pelo menos umas quatro ou cinco vezes. Isso é normal hoje em dia. Mas confesso que ainda tenho muita dificuldade em me acostumar a ver esse comportamento como parte do nosso tratamento social considerado padrão. Enfim, vou sobreviver. Tenho que. E, honestamente, às vezes me pego fazendo o mesmo.

Pausa no papel, fui checar uma mensagem que acabaram de me enviar... Nada importante. Quando é que vai chegar aquela mensagem que vai finalmente mudar minha vida? Essa expectativa traz vitalidade pura ao meu amigo celular.

E ele, será que vai escrever? O que será que devo mandar para que ele não pense que estou pensando nele, apesar de estar — paradoxos da tecnologia. Quero enviar uma mensagem que expresse minha frustração por tudo o que ele me fez passar, meu perdão inferido (ainda que ele não tenha pedido desculpas), a importância que ele tem na minha vida, minha vontade de vê-lo de novo, a dificuldade que é ser uma mulher moderna, solteira e liberta das amarras sociais (leia-se meio doida e sempre atrasada), a tristeza por não ter conseguido marcar manicure essa semana etc.

Mas, ao mesmo tempo, preciso ser *blasé* e demonstrar superioridade nos meus sentimentos, mostrar que ele não tem tanto domínio assim sobre mim e que essa mensagem só será enviada porque estou muito bem comigo mesma, obrigada (aham)... Opa! Acho que encontrei a mensagem perfeita, aquela que reúne todas essas questões e demonstra meu carinho infinito por ele. Se ele for profundo o suficiente e me amar de verdade, vai entender as entrelinhas do meu texto:

NÃO TEM "TU" VAI "TATU"

EM MOMENTOS DE HISTERIA, raiva, desespero, saudade, agonia, antipatia e várias outras "ias", a pergunta é: pegar ou não pegar? Vale a pena uma noitada daquelas típicas de filme de comédia adolescente para espantar a dor de cotovelo?

Podemos cair sem medo na obviedade de dizer que "diferentes pessoas têm ações e reações diferentes em cada situação". Homens, geralmente, preferem atacar de uma vez e cair na noite com tudo, ainda que seja para ficar morrendo de raiva depois porque a ex nem ligou de vê-lo com uma Tati qualquer, ou ainda chorar na porta da boate às quatro da manhã e discar o número da ex depois de dar uns amassos. Há também moças que escolhem essa tática. E, não há como negar, é uma forma (válida, por que não?) de lidar com a situação, talvez uma catarse.

A verdade é que, na maioria das vezes, por uma razão culturalmente explicável para as mulheres, essa medida desesperada não funciona para o gênero feminino e, para piorar, pode nos deixar ainda mais deprê. Portanto, conheça-se antes de tomar a decisão de "pegar". Porque pegar não é difícil, mas, às vezes, "despegar" pode causar um enorme desconforto.

A pegação pode se dar de duas principais formas. A mais comum é a pegação da night, aquela em que você termina se atracando com um completo estranho que chegou do nada e te levou facinho. A outra, mais bem elaborada, implica um pouco mais de esforço por se tratar de resgatar um daqueles fãs do passado ou até fãs atuais, que passaram muito tempo te convidando para sair apesar da sua negativa e justificativa — tenho namorado. Essa situação, geralmente, é fu-ra-da! Sem querer ser estraga-prazeres (de novo!), mas isso quase nunca dá certo, simplesmente porque você nunca pensou em sair com o tal carinha por verdadeira falta de interesse. Por outro lado, sabe-se lá o que pode acontecer...

Nesse momento, você não tem mesmo muito a perder. Qualquer coisa é melhor do que o fundo do poço. Qualquer tática é melhor do que a raiva que você sente do seu ex por estar te ignorando. Afinal, não temos bola de cristal e, já diziam os sábios do futebol, a vida e o jogo são uma caixinha de surpresas.

Uma coisa é certa: não faça o que não tiver vontade, não procure se afirmar da maneira errada, não se vingue pegando um Fred avulso porque isso não resolverá seu problema. Se o ex estiver realmente desinteressado, isso não vai colar. E a raiva será ainda maior. Sem falso moralismo, a pegação deve acontecer quando você quiser de verdade e estiver consciente de que é um passo importante na sua libertação.

> ### Pegação mal empregada pode causar danos maiores e fazer você ter ainda mais saudades do seu ex...
>
> *A história do "não tem 'tu', vai 'tatu'" pode te deixar até com raiva de si mesma por ter entrado em mais uma furada. Portanto, leia-se, entenda-se e decifre-se de maneira a saber se o seu momento está para aquela música da Rihanna — que quando toca na boate faz você dançar agachadinha até o chão e...*
> *Ops! Please don't stop the music.*

WALKING DEAD BIPOLAR

ESTAÇÃO BOTAFOGO. Quase nove horas da manhã. Você está atrasada, claro. Entra no metrô e tenta disfarçar a cara de choro da noite anterior. Olhos vermelhos, corpo arrastando, cabelos desgrenhados... Chegar no escritório assim, feito um zumbi, vai dar muita bandeira (mas muuuita bandeira!). Mas você entrou em uma neura tão grande que não consegue pensar em outra coisa que não seja o grande e doloroso vazio que foi deixado em seu pobre coração. E alterna momentos de fúria, em que joga coisas pelo chão, grita, urra e se descabela, e momentos de apatia, de completa falta de entusiasmo, de completa ausência de forças.

E foi num desses momentos que você entrou no metrô. Sem conseguir parar de pensar nele... O tempo passando e você pensando que a vida deveria seguir, e ela segue... Segue para ele. Porque, para você, a vida se tornou uma espécie de seriado de zumbi americano, um *Walking Dead* particular em que só você está *dead*. Em um momento, difícil prestar atenção às coisas, ao que as pessoas falam, ao que seu chefe fala (mas, convenhamos, você nunca havia prestado muita atenção às boboseiras que o mala do seu chefe fala). No outro, difícil conter a agressividade, respondendo rispidamente aos outros coleguinhas, querendo matar o seu chefe, a Suellen do RH ou trancá-lo no banheiro da empresa.

Você se olha no espelho e fica difícil se reconhecer assim tão insegura, tão cheia de altos e baixos. O que será que ele deve estar fazendo nesse momento? Será que está triste como eu? Será que já tirou da cortiça nossas fotos em Búzios? Será que está sentindo falta de ver filme ruim no domingo à noite, abraçadinho sob o clima de montanhas do ar-condicionado e reclamando a cada vez que o protagonista dá uma bola fora? Meu Deus, quantos serás...

ESTAÇÃO FLAMENGO. Eis que surge, no seu vagão de metrô, uma jovem moça loira. Você só o trapo, e ela linda, divina, magra, alta, bem-vestida. Usando uma combinação perfeita de jaquetinha e saia — ideal para o outono brasileiro —, enquanto você veste a primeira roupa que achou no armário, mal viu se as peças combinavam. Absorta nas lamúrias internas somadas às contas a pagar, agora sozinha, mais o relatório que ficou de entregar na empresa (esse chefe!), você, tolinha, nem se deu conta de que a vida segue mesmo. E segue, sobretudo, para essa moça no metrô.

Aliás, a vida parece estar seguindo muito bem para ela... Bem demais. Estará seguindo assim tão bem para ele também? Espera aí, você pensa... a vida estará seguindo bela assim para esses dois? Esses dois juntos, especificamente? Eles dois estão juntos, gente? Meu ex amor e essa moça loira do metrô? É isso??? É isso!!! Meu Deus! Tem tudo para ser verdade... Afinal, essa mulher é a cara dele. Galinha! Safado!

ESTAÇÃO LARGO DO MACHADO. Pensando... Pensando... Pensando... Pensamentos a mil por hora.

ESTAÇÃO CATETE. Coração dilacerado, palpitando aos montes, você não para de olhá-la e "descobre" a cruel verdade que não havia enxergado até então... Misto de angústia com despeito. O trajeto Botafogo — Carioca parece ser mais longo do que nunca. Tantas coisas acontecendo dentro de você. Tantas descobertas dolorosas em um vagão de metrô... Meu ex e essa loira sirigaita de saia apertada — acabei de descobrir. Que facada nas costas. Raiva... Que sacada a minha, assim do nada no metrô... Mas o destino coloca tudo às claras, no momento certo.

ESTAÇÃO GLÓRIA. Sofrendo... Sofrendo... Sofrendo... Até que um novo elemento muda a direção de seus pensamentos. Você a estava encarando tão intensamente que nem chegou a se dar conta de que a moça em questão carrega uma enorme aliança no dedo. É casada. Alívio... Sim, casada... E, com a cara de felicidade que está, parece ser muito bem casada. Ei, calma aí, você pensa de novo... Será que ele iria se meter com uma mulher casada? Que isso agora, gente? Não é possível... Pausa entre uma estação e outra. Momento de reflexão racional...

Bem, pode ser que seus pensamentos tenham levado você longe demais... Pode ser que a ideia dele e da moça loira juntos seja um pouco de viagem da sua cabeça. Afinal, qual a probabilidade de que toda essa história seja mesmo verdadeira? Quase nula, você admite racionalmente. Mas por que, então, esse súbito acesso de ciúme com uma desconhecida que adentrou o metrô na estação Flamengo? E logo agora que tudo acabou entre vocês? Pensando em fórmula matemática, uma mulher bonita e atraente está para ele como sempre esteve, agora e no passado.

ESTAÇÃO CINELÂNDIA. Pensando... Pensando... Pensando...

ESTAÇÃO CARIOCA. As portas se abrem e você desce do metrô. Mas continua incomodada, desconfiada, ressentida. Por que esse pensamento, se ele de fato não está com a moça do metrô coisa nenhuma? Por que, se tudo não passou de uma viagem louca da sua cabeça? Por que o despeito, então? Por que esse ciuminho tacanho, bobo, mesquinho? Resposta clara: Porque ele poderia estar com a moça do metrô ou qualquer outra mais linda ou mais feia no mundo e, agora, você não iria poder falar NADA. NADA.

E esteja você na fase zumbi agressiva ou apática, continuará sem poder falar NADA. Afinal, embora você ainda não tenha percebido: você não tem mais NADA com isso.

10 COISAS PARA PENSAR ANTES DE MANDAR UMA MENSAGEM

1. A fórmula mais simples do relacionamento (ok, simples em teoria, mas é sempre válido lembrar): você quer realmente ficar com alguém que não quer ficar com você?

2. O que eu realmente quero falar com ele?

3. Em que essa mensagem enviada vai me acrescentar?

4. Você quer realmente mandar essa mensagem para ele ou quer apenas uma desculpa para despertar qualquer reação da parte dele?

5. E você quer mesmo aceitar qualquer reação da parte dele? Vale qualquer coisa só para chamar a atenção?

6. Pense no Channing Tatum e que há homens como ele por aí!

7. Pense que você fará uma viagem de autoconhecimento sozinha, comendo, rezando e amando pelos lugares que você sempre sonhou. (Ok, ainda que essa viagem nunca aconteça, o fato de você se sentir totalmente livre para fazê-la já é libertador.)

8 Pense na última vez em que ele te fez passar vergonha.

9 Não mande nada... Vá ver um filme. Depois de duas horas em outra realidade e já de cabeça fria, você estará mais tranquila para saber se deve ou não entrar em contato, seja para o que for.

10 A vontade não passou? Pense de novo no Channing Tatum. Abre um vinho. Pegue o celular e... Ligue para sua melhor amiga!

DECODIFICADOR DE EMOJIS

Correlacione corretamente os emojis às situações mais adequadas:

1    ( ) Sapequinha ele... Mas isso quer dizer o que, afinal? Flerte por pura simpatia ou real comprometimento com o emoji sedutor?

2   ( ) Ou ele não gostou do que você falou ou ele mesmo nem sabe o que dizer e usa esse emoji para expressar sua confusão mental que... Ah, sei lá... Tanta coisa...

3   ( ) "Eu sei que fiz besteira, mas... você me perdoa? Provavelmente farei de novo, talvez uma besteira igual, mas ainda assim peço desculpas."

4   ( ) Xiii, ele está meio blasé, né? Talvez não esteja tão a fim de você, gata...

5    ( ) Hum... Que fofo! Por ter optado por usar um símbolo tão forte do amor, ele parece estar mesmo a fim de você!

6   ( ) Ele só vai surfar.

63

E aí, conseguiu gabaritar o exercício?

Não sabe?

É difícil, não?

É praticamente um trabalho de detetive.

Mas infelizmente as respostas não estão aqui...

Elas estão disponíveis apenas na mente masculina.

O *SLOW MOTION* DA DEPRESSÃO

Então, finalmente, você percebeu que ele não vai voltar... Aquelas fotos no Facebook não surtiram o efeito desejado, no seu celular não soou aquele toque personalizado que você tanto queria ouvir, o vinho só ajudou até a ressaca do dia seguinte, a night à procura de outros caras só te deprimiu, as noites e noites de papo com os amigos não tiraram sua profunda tristeza. E, como diriam Ana Carolina e Seu Jorge, "é isso aí".

Para você, o mundo parece um lugar cinza e frio, embora o Brasil seja um país tropical. Mas é só para você. As pessoas seguem o curso normal da vida, caminhando com roupas coloridas e apertadas, saindo do banco com cara de preocupação, saindo das festas com cara de alegria, trabalhando, estudando, passeando. As crianças continuam correndo e gritando e o porteiro continua te cumprimentando educadamente todos os dias pela manhã.

Mas, não importa aonde você vá, há essa ausência que, paradoxalmente, te acompanha sempre. Sensação social estranha essa, de estar, mas não estar, de sorrir, mas nunca rir, de falar e não se escutar. Uma vontade incontrolável de desistir de tudo: trabalho, jantar, saída com os amigos, evento no domingo à tarde, cinema, bom dia ao porteiro.

DEPRESSÃO. CANSAÇO. MEDO. SONO. SEMPRE.

E uma tristezinha constante que não desaparece nunca. Alternada com alguns momentos de tristezona. Mas, nessa fase, você começa a se render à separação. Sim, você começa a se conformar e, a essa altura, sabe que a separação é definitiva. Isso não significa que você goste dessa situação! Ok, ela existe e é inevitável, já que você não tem poderes para mudar a vontade alheia... Mas daí a viver bem com essa separação é outra história, né?

Então tá... A perda é definitiva, você tomou consciência disso. É definitiva, você repete. Mas a sensação que vem junto a essa tomada de consciência é algo muito estranho, difícil de explicar... Uma apatia fantasmagórica em relação a tudo, um *slow motion* de vida, como se as coisas ao seu redor estivessem caminhando mais lentamente. Parece até que existe um delay entre você e o mundo...

Por isso, você se retira para viver no seu próprio mundo. Seu mundo passa ser uma cama, um sofá ou uma cadeira na varanda (para as que gostam de vida ao ar livre). Pijama, chocolate, vinho e um fantasma. Sua vida poderia ser uma continuação da Trilogia do Apartamento, de Roman Polanski. É nele que você passa a maior parte do seu tempo agora, sem vontade de sair. É nele que você encontra o conforto para sua retirada momentânea do universo.

O quarto é o melhor refúgio nessas horas. Talvez o único. Quentinho, propício ao sono, acolhedor, permanente. Um microcosmo que pelo menos você domina. E tudo bem entregar-se às carícias do seu quarto por um tempo, vai...

Convenhamos, isso é normal e até saudável. Foi em quartos cheios de dores de cotovelo aleatórias que grandes invenções e obras-primas foram criadas. Não foi o movimento ultrarromântico brasileiro, então, uma verdadeira grande dor de cotovelo nacional que assolou o país com seus "ais", "ohs" e pontos de exclamação ao final de cada estrofe? Pois então.

Se Casimiro de Abreu fez de sua dor um poema, você também pode — não necessariamente fazer um poema, mas recuperar sua lucidez e o bom senso, ainda que seja para fazer um sanduíche (os mais desesperados apelariam para o miojo, mas daí veio minha insistência na expressão bom senso).

> ### Nessa fase, a vida parece um filme mudo:
>
> tudo está em preto e branco, os lábios de quem fala se movem sem emitir som algum, ao final de cada cena é necessária uma plaquinha com a legenda do que aconteceu, pois você só escutava o silêncio.

Triste destino que te fez protagonista anacrônica de sua própria história, contada através do cinema da década de 1920. O bom dessa metáfora deprimente é que todo filme tem seu "the end". E, se a comédia romântica que você estava vivendo teve um fim, o drama mudo também terá.

O processo de recuperação pode ser lento, demorado, arrastado, mas precisa começar de algum lugar. No sofá, com a sobrancelha por fazer e uma combinação suspeita de grupos alimentares espalhados pela mesinha (preferência por gorduras, doces e carboidratos), você aos poucos refletirá e chegará à conclusão de que usar pijama o fim de semana inteiro não vai ajudar... Muito menos a semana inteira...

E eis que, quando você menos espera, bate aquela vontade de sair, de encarar o mundo lá fora. Mas, por favor, não se esqueça de fazer a sobrancelha antes!!!

A CALÇA XADREZ DO PIJAMÃO virou a tendência de moda mais forte do seu inverno.

Com a mesma calça xadrez citada anteriormente, abre uma lata de leite condensado assistindo a *Diário de uma paixão*.

> *Tudo no seu corpo precisa de reparo:*
> cabelo, pelos da perna, sobrancelha, buço, braço, unha e todo o resto. Tá sinistro, mesmo...

Com a mesma calça xadrez citada anteriormente (ela não te larga), você vê chegar pela TV a abertura de *Zorra Total*... Em um despertar repentino e ágil, você troca correndo de canal para evitar danos irreparáveis ao seu sábado de depressão. Porque tudo tem um limite!

APARIÇÕES INEXPLICÁVEIS

PASSADA A FASE DE RECLUSÃO, finalmente, as amigas conseguem te convencer a colocar o pé para fora de casa: um convite para ir ao cinema ver uma comédia. Romance seria insuportável. Drama seria impossível de aguentar. Mas comédia, você vai, mesmo sem ter vontade. Afinal, precisa sair um pouco para se distrair, e elas vão assistir a um filme do Seth Rogen. Vai ser bom para rir um pouco, principalmente para esquecer essa assombração do ex que não te deixa em paz.

O filme começa. A comédia é boa, mas, por algum motivo, você permanece sem rir a sessão inteira, não consegue... Apenas alguns sorrisos, mas nem sinal da manifestação de gargalhadas soltas como as do povo que está na fileira da frente... É... Não está fácil ser feliz... Mas o filme termina, você está confiante de ter saído da toca, sente que está melhorando. Vocês deixam a sala de cinema e de repente...

Juro que vi, com esses olhos grandes e cheios de espanto que quase me mataram de susto! Vi, sim, era ele, estava lá! Como vocês não viram? Era ele, sim, tenho certeza! Vocês estão cegas... Era ele, gente, conheço aquela camisa, aquele cabelo raspadinho e aquele jeito jogadão de andar... Certeza absoluta. Era ele. Quase certeza. Mas eu acho que ele não me viu. Era ele, estava um pouco diferente, mas era ele. Parecia mais baixo, né? Estava um pouco mais moreno, também...

Engraçado. Será que o palhaço tem ido à praia direto? Estava beeem mais moreno, né? Mas sei lá, era ele sim. Só achei que aquela camisa não tinha muito a cara dele, não... Estranho. Mas era ele, gente, igualzinho... Mais baixo e um pouco mais moreno. Achei um pouco mais magro também, mas era ele. Certeza. Se bem que a essa hora ele deveria estar no futebol... Isso ele não perde por nada. Hoje é quinta, né? Humm... Então, por que será que ele iria perder o raio do futebol para vir a um café no shopping? Cara, não entendi nada, mas era ele com certeza...

Ali, ali, ali, ali, ali!! Não vira, gente, ele vai perceber! Não vira agora, espera, é ele mesmo. Aquele ali, ah, eu sabia... Vira agora, caceta, aquele ali de blusa branca. Não, o da esquerda. Tá olhando para o ângulo errado, porra. É o outro, óbvio. De blusa branca. Cuidado! Acho que ele me viu. Fala baixo. Vira agora. Aquele de blusa branca, viu? Claro que é ele, fulana. Você tá cega? De blusa branca! Eu sabia, é ele. Ali. Não é? Espera aí, fulana, você tá me confundindo. Deixa eu olhar direito, ele tá virado para cá? Ai, gente... É ele... Não é? De blusa branca... Gente... Caramba, tinha quase certeza. Igualzinho, né? Só que não é... Ufa! Que susto. Olha de novo e confirma, por favor. É, de blusa branca. Isso, o da direita. Não é? Tem certeza? Humm... Eu sabia. O palhaço não perde esse futebol por nada. E esse corno quase me mata de susto...

72

LADAINHA DA AUTOPIEDADE

CHEGA UMA CERTA HORA que nem mesmo nossa própria mãe aguenta mais a ladainha enfadonha e cheia de autopiedade que sai de nossas bocas. Porque ficamos repetitivas mesmo... Primeiro contamos a história, histéricas, depois contamos novamente, inconformadas, depois contamos ainda uma outra vez, caso tenha faltado algum detalhe. A cada almoço com o irmão, a cada chope com as amigas, a cada nova mensagem ou falta de mensagem é um "senta que lá vem a história". Se você é do tipo mais extrovertida, todos os diferentes grupos de amigos já deram sua respectiva opinião sobre o caso. Todos já sabem a história de cor e salteado, têm muito claro o que houve e querem te ajudar.

Nessa altura você virou uma detetive do passado, vasculhando sinais, lembranças, memórias tristes e boas. Na esperança de algum acalento, de algo que racionalize sua dor e te faça pensar de maneira mais clara. Verbalizar suas ideias com os amigos virou um esporte que, de alguma maneira, libera as toxinas de angústia presas no seu corpo. Nenhum problema nisso. Todas essas conversas com os amigos, desde que sejam consentidas, podem ser saudáveis e, certamente, trazem um alívio momentâneo para sua situação de tristeza. Afinal, amigo é para essas horas.

O problema é quando já deixamos de sofrer pelo cara, ou moça, ou pelo fim de algo que nos deixava feliz, e passamos a nos obcecar por nossa própria dor. E isso acontece, realmente. Pedindo desculpas por usar psicanálise em mesa de bar — ou em livro de mesa de bar —, a histérica ama seu sintoma como a si mesma. É muito perigoso quando, em meio a esse processo duro e cheio de altos e baixos que é superar a dor de uma separação, acabamos por nos transformar completamente na persona que encarnamos no pior momento do fundo do poço.

Portanto, muito cuidado nesse estágio crítico em que você tem "licença para sofrer". Ele também tem tempo de validade. Os amigos existem para ajudar, mas você precisa se ajudar a ser ajudada, no melhor estilo sabedoria de *Tropa de Elite*. Certa vez, uma amiga ficou tão mal que, mesmo muito tempo depois, quando já tinha motivos reais para ficar contente, brigava pelo direito de ser infeliz e achava um absurdo que os amigos ao redor não a tratassem como se ela fosse uma doente terminal...

Os amigos foram deixando-a aos poucos, claro. Porque a deprê da dor de cotovelo cansa depois de algum tempo. É duro ter alguém por perto que está sempre triste. Quando nem a mamãe aguenta nosso papo e vive mudando de assunto, é sinal de que está na hora de tocar o barco. É claro que parar de sofrer de uma hora para outra é difícil, mas, é possível, sim, com muito esforço, paciência e empenho, mudar o rumo do seu sofrimento. E mudar de assunto, também, oras!

QUANDO A GENTE ESTÁ NO FUNDO DO POÇO, lá no fundinho mesmo, nem adianta querer tocar Lady Gaga para tentar dar aquela animada. Quando a tristeza aperta, o melhor mesmo é se render e curtir uma trilha sonora propícia à fossa. Afinal, quem canta seus males espanta. E como é libertador e catártico poder cantar na frente do espelho com os olhos borrados de rímel, a boca manchada, roupão aberto e copo na mão, interpretando do fundo da alma (e assustando os vizinhos) o seu refrão predileto, complementado com aquela mão que bate no peito e se entregando completamente à música.

PARA TENTAR AJUDÁ-LA NESSE MOMENTO TÃO DELICADO DE PURGAÇÃO, SEGUE ABAIXO UM TOP 15 DE CANÇÕES PARA O FUNDO DO POÇO:

Top 15 "Atrás da porta", Elis Regina

Top 14 "Ex mai love", Gaby Amarantos

♡ Top 13 "Depois", Marisa Monte

♡ Top 12 "Estranha loucura", Alcione

♡ Top 11 "All By Myself", Sheryl Crow

♡ Top 10 "Qualquer jeito (não está sendo fácil)", Kátia

♡ Top 9 "You're So Vain", Carly Simon

♡ Top 8 "Corazon Partio", Alejandro Sanz

♡ Top 7 "Negue", Maria Bethânia

♡ Top 6 "50 reais", Naiara Azevedo

♡ Top 5 "Tomara", Vinicius de Moraes

♡ Top 4 "Someone Like You", Adele

♡ Top 3 "As rosas não falam", Cartola

♡ Top 2 "Garçom", Reginaldo Rossi

♡ Top 1 "Evidências", Chitãozinho e Xororó

Use o QR Code para acessar essa playlist, disponível gratuitamente no Spotify, e curtir uma boa fossa.

Experimente cantar essas músicas no recanto do lar, sozinha, à meia luz de um abajur amarelo abrumado, quando ninguém estiver olhando. Feche as cortinas e encha sua taça. Traga um espelho para perto, assim você verá sua própria interpretação. Não tenha medo de exagerar, ninguém postará sua performance no YouTube (a não ser que você queira).

> *Cante, chore, ame e odeie,*
> recite cada verso como se fosse seu. Entregue-se às estrofes daqueles que amaram como você. Negue, no espelho ou atrás da porta, pegue o telefone e grite "Me chama".
> Fale com um garçom imaginário (pois você está em casa). Grite o quão vaidoso ele é. Depois torça para que ele se arrependa e sofra muito...

E sinta o cheiro das rosas que não falam, mas exalam o odor do amor. E aí, caríssima, depois de todo esse espetáculo quase abolicionista, desse drama-monólogo-musical, depois de toda essa presepada, de todo o vinho ingerido e de todas as lágrimas derramadas a cada trova cantada... toque uma Lady Gaga que sempre dá uma animadinha no ambiente :)

O FUNDO DO POÇO É AQUI E AGORA: use a tecnologia, aliada à sua criatividade, para sonorizar o ambiente, montando uma playlist personalizada para as suas dores. Por que não? Seguem aqui algumas canções bem temáticas para inspirar suas escolhas.

1 - **"Don't Speak", No Doubt**

2 - _____

3 - _____

4 - _____

5 - **"Blank Space", Taylor Swift**

6 - _____

7 - _____

8 - _____

9 - **"Vou festejar", Beth Carvalho**

10 - _____

É BOM LEMBRAR ALGUMAS COISINHAS da vida prática antes de se entregar indiscriminadamente à própria dor.

1- Ele **NÃO** está em casa chorando enquanto os amigos jogam uma partida de futebol;

2- Ele **NÃO** faltou à academia para chorar em casa sozinho;

3- Ele **NÃO** deixou de sair no sábado à noite para ficar em casa chorando e assistindo a Bridget Jones, enquanto enche a cara de chocolate;

4- Ele **NÃO** torrou o cartão de crédito comprando roupas e sapatos para compensar a dor da perda;

5- Ele certamente **NÃO** está escutando Adele ou Alcione.

10 DICAS PARA MUDAR SEU FOCO

SIM, ESTAMOS NA FASE DA DEPRESSÃO. E, às vezes, citando Charles Bukowski, quando você pensa que chegou ao fundo do poço, descobre que pode ir ainda mais fundo... É desesperador. Mas que tipo de manual seria esse se não tivesse por finalidade principal te ajudar a sair desse poço fundo? A seguir, dicas de algumas pequenas distrações para quando você estiver com sua calça de xadrez num sábado à noite, pronta para chorar...

 Diga, por ordem de aparição, todos os bairros da zona norte do Rio citados por Claudinho e Bochecha na música "Nosso sonho".

 Dê uma limpa na dispensa e veja o que está fora da validade.

 Dê papo para seu porteiro (vale taxista, vizinho de ônibus ou as "colegas" mais distantes do trabalho).

 Faça uma lista pessoal com os filmes a que quer assistir na Netflix.

5 Pense no nome das suas professoras do primário. Não eram nomes perfeitos para professoras de primário?

6 Faça uma lista com os países mais obscuros e desconhecidos do mundo (você sabia que há um país chamado Nauru?).

7 Nessa mesma linha, faça uma lista com os estados americanos que você conhece. Massachusetts não é um nome ótimo de se falar?

8 Tente imaginar quantos mocinhos bonitinhos com piercing no nariz (ou em outros lugares) podem estar no show do One Direction.(One Direction acabou?? Não!!!)

9 Pense na escalação da seleção brasileira de 1994. Que fim levou o Zetti?

10 Faça uma lista com os filmes a que você já assistiu com o Kevin Bacon.

NEGOCIAÇÃO MODE ON

A fase da negociação surge quando você começa a "barganhar" sobre sua própria perda — "eu perdi isso, mas posso ganhar aquilo", "eu era assim, mas a partir de agora quero ser assado". No luto verdadeiro (aquele ligado à morte), essa fase está associada a promessas que as pessoas fazem para tentar evitar a perda.

Entretanto, sabemos que, aqui, nosso morto está vivíssimo e, embora ainda assim algumas moças optem por fazer promessas e quem sabe alguns "trabalhos" para ter o amado de volta, a maioria quer negociar com a perda para se tornar uma pessoa diferente a ponto de não cometer mais os erros que cometeu no passado.

Essa é a fase em que você começa a enxergar que a perda pode vir com algumas pérolas de sabedoria, ainda que estas possam ser dignas de biscoitinho da sorte — ou de frase do sachezinho de açúcar da União. Quem nunca descobriu uma ponta de felicidade no coração quando lembrou que não precisaria mais ter de lidar com as maluquices da família do ex, ou com as maluquices do próprio ex, ou com o chulé do ex ou com a mania irritante de deixar o copo sujo em cima da mesa e nem sequer levá-lo para cozinha? (Não estou pedindo para lavar, só para deixar na pia.)

Redescobrir aos poucos as delícias da liberdade pode ser mais prazeroso do que imagina. E isso não tem nada a ver com a solteirice! Você, inclusive, pode já nem estar mais tão solteira nessa fase — quem sabe já não apareceram alguns rolinhos e flertes pelo WhatsApp ou pelos corredores da academia. Mas as coisas boas que um tempinho de reclusão emocional te trouxeram são também inegáveis.

Afinal, nesse tempo todo em que você ficou em casa na deprê, tinha algum copo sujo fora do lugar? Alguém te encheu o saco com mensagens indecifráveis sobre sei lá que assunto que te tiraram o sono e a paz de simplesmente estar sozinha na deprê? O fato é que não adianta idealizar os relacionamentos quando você não está em um — sabemos que eles são difíceis e, matematicamente falando, a maioria tem seu fim.

Ainda assim, você não vê a hora de se estressar com o controle da TV, de brigar pra ver onde vão passar a Páscoa esse ano e de se irritar a cada vez que encontrar um copo sujo na mesinha da sala... Mulheres.

PROGRAMA DE MILHAGEM DO AMOR

E DEPOIS DE TANTAS HORAS DE SONO PERDIDAS, de tantas mesas de bar em debate, de tantas músicas interpretadas na frente do espelho, de tanta ansiedade por aquela mensagem que nunca chegou ou que chegou completamente diferente do que você esperava, depois desse carrossel de emoções que foram as primeiras fases desse processo, bateu aquele vazio.

Aquela vontade de sumir e aparecer apenas quando tudo isso tiver acabado, quando esse sentimento de tristeza estiver dissociado de você. Uma baita preguiça de seguir vivendo essas perturbações mentais que estouram no peito até na hora de pegar o metrô para casa. Você ficou doente, ficou deprê, ficou bêbada, ficou de ressaca, agora só quer paz. O cansaço bateu forte e o corpo pede trégua ao drama que foi sua vida nesses últimos tempos.

Para balancear essa história, seu corpo te projeta sem querer a uma fase de neutralidade emocional, um pouco apática, mas bastante útil para o equilíbrio de suas emoções. Esse é o momento de sentar e refletir. Colocar na balança sensações e pensar no que foi, no que não foi, no que poderia ter sido, etc. Parece dramático, e é.

Mas, nessa hora, isso ainda é permitido e até mesmo necessário. Seja humilde e pondere o que errou. Procure causas, aspectos e circunstâncias. Afinal, todo mundo erra. Mas seja exigente também e reflita sobre o que realmente quer do outro, já pensando no próximo "príncipe".

Segundo uma amiga, são as milhas do amor. Porque, assim como em um programa de milhagens de companhias aéreas, no jogo do amor você também acumula pontos a seu favor, de acordo com a quilometragem de voo — nesse caso, quilometragem emocional. Pode ser que seu cartão ainda seja um mero Silver e não tenha pontos suficientes para ser um Diamante...

Então, pontue seu cartão e tente ficar tranquila, pois, em algum momento, seu prêmio vai sair.

Sábia vovó que sempre dizia:

quando você menos espera, aparece. Aham (descrença azeda na voz dessa leitura)... Mas queremos acreditar que sim! É o otimismo romântico que não nos larga. E, se agora você está meio cínica, com uma pedra no peito, atravessando a calçada quando aparece uma flor e dando risada de um grande amor... Tudo bem. Sabemos que é mentira.

HOLLYWOOD DA DOR DE COTOVELO

A FICÇÃO PODE NOS AJUDAR MUITO A SUPERAR, refletir e, além de tudo, distrair. Se momentaneamente sua vida não está te retornando com instantes reais de alegria e satisfação, a solução paliativa pode estar no cinema ou na literatura, por que não? Foi nas obras de ficção de Shakespeare que Freud encontrou inspiração para teorias e análises do sujeito que mudaram para sempre toda uma perspectiva social no século XX. Ok, não sejamos tão pretensiosas assim, aqui nossa intenção é apenas voltar a ser feliz. O que já nos dá bastante trabalho! Pois bem, segue uma lista de filmes ideais para esse momento:

 ABISMO PRATEADO
Porque existe um mundo habitado por pessoas que também sofrem por amor!

 UM DIA DE FÚRIA
A ficção pode ser a melhor solução para extravasar sua raiva. Até no Mc Donalds.

 O DIÁRIO DE BRIDGET JONES
Nossa personagem favorita é sempre uma ótima pedida para esse momento.

⭐ TERAPIA DO AMOR

Filminho bobo que mostra os altos e baixos de uma relação amorosa.

⭐ TUDO PARA FICAR COM ELE

O melhor desse filme é saber que você não é a única louca do universo que faria tudo por um cara.

⭐ 500 DIAS COM ELA

Porque eles também sofrem por amor e é sempre bom se lembrar disso!

⭐ MEDIANERAS

Os encontros e desencontros de dois jovens que procuram e se escondem do amor.

⭐ UMA LINDA MULHER

Porque somos bestas mesmo, e daí?

⭐ ELE NÃO ESTÁ TÃO A FIM DE VOCÊ

Filme clássico que nos coloca frente a situações que com certeza já vivemos. Para as que querem aprender e rir ao mesmo tempo.

⭐ MAGIC MIKE

Quando nada funciona, Channing Tatum sem camisa resolve!

⭐ GAIOLA DAS LOUCAS

E quando nem Channing Tatum funciona, o mordomo gay de fio dental vai alegrar seu dia, pode acreditar!

COMPLEXO DE GIGI

QUEM JÁ ASSISTIU AO FILME *Ele não está tão a fim de você* certamente se lembra da inesquecível Gigi, a menina romântica quase psicopata que virou personagem emblemática da ficção da dor de cotovelo. *Ele não está tão a fim de você* é uma das baboseiras mais sábias que Hollywood já criou.

O filme, na verdade, foi baseado no livro homônimo, escrito por Greg Behrendt e Liz Tuccillo. Mas a personagem Gigi foi criação do filme e logo virou sinônimo de mulher desesperada, insana, seca por uma migalha qualquer de amor, daquelas que se emocionam e acham matrimonialmente promissor um simples "E aí, linda, tudo beleza?" Afinal, quem nunca??

Ansiedade, fluxo de pensamento louco, conexões insensatas e expectativas irreais nos fizeram viver essa fase Gigi de maneira dolorosa e intensa. Mas o pior já está passando. Essa etapa pé na jaca já está indo embora — graças a Deus!

Pela primeira vez, você sentiu vergonha de alguns episódios desse passado negro em que se encontrava — admitamos, vai... Pensando bem, você sentiu vergonha de muitos episódios. Mas já adquiriu distanciamento suficiente para envergonhar-se e pensar que, talvez, quem sabe, seja melhor não repetir o mesmo erro da próxima vez. Ou repetir, se quiser, mas com mais consciência e menos ingenuidade.

O importante é saber que ser Gigi pode até ser inevitável, mas, necessariamente, tem de ser apenas uma fase e não um modo operante permanente. Porque Gigis são moças inseguras, que agem de maneira irracional o tempo inteiro, sempre e apenas pensando em encontrar um namorado, não se desligando em nenhum momento dessa questão. Um misto bizarro entre o romantismo e a psicopatia da insistência.

Pode parecer hipocrisia vir com esse papinho quando você está vivendo o pior da sua deprê, mas, sim, é verdade, existem outras coisas na vida além de um namorado, ou de um ex-namorado.

As pessoas mais atraentes que você encontra por aí certamente são aquelas que se conhecem bem, sabem do que gostam e o que as fazem felizes. Sabem o bastante para ter aquele ar confiante de autossuficiência que acaba gerando admiração e atraindo qualquer tipo de pessoa — amigos, companheiros de trabalho, amantes.

Nada mais envolvente do que alguém que se basta, mas não no sentido egoísta e individualista da expressão. Simplesmente alguém que sabe onde procurar e encontrar o que lhe satisfaz. Alguém seguro que não deposite expectativas irreais de felicidade na outra pessoa e, principalmente, que não demonstre isso no segundo encontro!

92

Ninguém quer ser uma eterna Gigi —
ou aquela menina que pisca os olhinhos e faz cara
de apaixonada a cada vez que um possível namorado
(só na cabeça dela) se aproxima para perguntar as horas.
O melhor a fazer é segurar a onda e encontrar o meio
termo entre a mulher segura e confiante e a moça romântica
que está sempre de peito aberto para o amor.

Todos os chavões da autoajuda podem ser úteis nesse momento, mas, de qualquer jeito, não os leve muito a sério porque, afinal, nada deve ser levado muito a sério nessa vida.

TROCANDO LÁGRIMAS POR LIVROS

BOM, CHEGAMOS ATÉ AQUI, e você não morreu de amor. Achou que fosse acontecer, em alguns momentos, mas não aconteceu. O pulso ainda pulsa. Você ainda respira, o corpo ainda pede por algumas doses diárias de carboidrato — aliás, nesse momento, permitamo-nos ingerir o carboidrato nosso de cada dia.

Porque você não morreu! E mais, descobriu que pode viver alguns dias sem chorar — ação que havia se tornado diária, mas que, nesse momento, está acontecendo cada vez menos. Porque a vida trata de ocupar seu tempo com coisas da própria vida. Tautologia de botequim, filosofia da vizinha, mas, admitamos, a sabedoria popular nessas horas cai muito bem, obrigada.

Parece que, agora, naquele momento do tradicional choro diário, você sente um imenso vazio de horário, pronto para ser preenchido com aquela lista de "coisas para fazer que você acaba nunca fazendo por algum motivo". E é aí que você pensa (ou se não pensa deveria começar) que pode utilizar esse tempo de vazio para algo útil, que faça você crescer. Que tal trocar lágrimas por letras?

Vamos estudar! Por que não? Estudar é usar o momento da resignação para fazer algo produtivo com seu tempo. Isso vai soar como um manual barato de autoajuda, mas, definitivamente, ajuda: leia, assista a todos os filmes do seu diretor favorito, se aventure à narrativa de *Ulysses*, afinal o romance tem mais de mil páginas de puro fluxo de pensamento, e você precisa de algo profundo na sua vida. Ok, você tentou *Ulysses*, mas não funcionou, então passe para algo mais leve. Nada que vá além da página 212...

O importante é ativar seu intelecto com material que vai além da filosofia da dor de cotovelo. E vale também ativar o corpo, fazendo atividades que te façam mais alegre. De uma corrida na praia ou no parque àquela viagem que você sempre teve vontade de fazer (por que não?), seu corpo também precisa de ocupação. Portanto, tratemos de fazer dessa ocupação um processo prazeroso, que preencha seu tempo livre de maneira lúdica e produtiva.

Esse talvez seja um bom momento para iniciar um curso de culinária asiática, sânscrito, vinhos do novo mundo, cinema *nouvelle vague*, lambaeróbica, fotografia, leitura da Bíblia, jiu-jítsu, etc. Tantas oportunidades. Para as que estão meio sem grana, há várias universidades pelo mundo que oferecem cursos on-line inteiramente grátis, em distintas plataformas. Basta pesquisar. E, para as que odeiam academia, atividade física não tem necessariamente a ver com malhação — correr e andar é de graça e você pode fazer no horário que melhor lhe convir.

Existem pessoas que, depois de uma separação, decidem mudar de vida de maneira profunda e, às vezes, drástica – começam uma segunda (ou primeira) faculdade, mudam de endereço, país ou trabalho. Tudo é válido na hora de tentar encontrar o caminho para a felicidade, desde que você esteja de fato procurando. Ele pode ser longo, mas, mais cedo ou mais tarde, você encontrará um atalho. E trocando as lágrimas por alguma coisa, qualquer coisa, já é meio caminho andado.

O "POR QUE NÃO EU?"

DE UMA HORA PARA OUTRA VOCÊ PERCEBE que já não se desespera mais quando o telefone toca ou quando entra algum sinal de mensagem no celular. É agora uma sensação diferente: uma espécie de pontada seca e rápida na barriga. Mas o corpo logo volta ao normal — estado de catatonia emocional.

Parece que chegou, finalmente, a hora de dizer: Ok, aceito, ele se foi. Mas o que aconteceu para ele ir embora? O que eu fiz, afinal? O que não fiz? São perguntas duras que vão, talvez, trazer à tona memórias dolorosas, mas necessárias. Já existe, a essa altura do campeonato, distanciamento suficiente para você se perguntar essas coisas. E, mais importante do que perguntar, procurar responder. No entanto, respondê-las não significa necessariamente aceitar uma situação de culpa onipresente que só vai te causar traumas para o próximo relacionamento.

Talvez o melhor a fazer seja tentar buscar o meio termo entre a mea culpa e o "lavo minhas mãos", de Pôncio Pilatos. Sim, é difícil, mas, assim como em uma dissertação de mestrado ou um TCC, você precisa encontrar causas e consequências que justifiquem o resultado.

Nessas horas de reflexão, o melhor é buscar exercícios e atividades que te possibilitem parar e pensar na vida: tomar um café sozinha, caminhar, correr, dirigir na estrada, quem sabe até viajar (para as mais ousadas). Tudo o que te leve a ponderar erros e acertos que você quer ou não quer levar adiante na condução de seus relacionamentos futuros.

E aí você se senta lindamente em um café com seu livro/iPad e pede um latte grande, com um sachê de açúcar mascavo, do jeito que gosta. Abre na página marcada, toma um gole do café e lê um parágrafo que te faz pensar no fulano porque, afinal de contas, o fulano basicamente ocupa quase todo o espaço de sua memória.

Difícil, né?

Mas vamos lá, sigamos adiante com a leitura desse romance que há tempos você queria ler. Esquece o fulano! E, então, eis que senta na mesa ao lado, como pombinhos enamorados que acabaram de se conhecer, um casal maravilha estilo Fernanda Lima e Rodrigo Hilbert, que não se desgrudam um minuto e travam um papo tão animado que até dá vontade de participar. Raivinha desse casal.

Sem mostrar cobiça, você volta ao livro e tenta focar no parágrafo que acabou de ler, mas ele foge à sua memória porque, agora, tudo o que vem do fundo da sua mente é aquela música do Kid Abelha, com a voz aguda da Paula Toller tinindo em seus ouvidos: "Por que não eu? Ai, ai, por que não eu??". De soslaio, você repara mais uma vez na conexão que os dois têm e em como não estão nem aí para o mundo ao redor. Melhor fechar o livro e deixar a reflexão para outro momento. Papo furado esse negócio de autoajuda. Por que não eu? Por que não eu??

ESCALADORAS DE POÇOS

ESSAS SÃO MULHERES QUE PODEM TE INSPIRAR nesse momento, seja porque, assim como você, sofreram e/ou pagaram mico por amor; seja porque conseguiram viver a vida de forma diferente. Elas estiveram no fundo do poço e conseguiram se levantar. Abaixo de cada nome, descreva o que você acha que se pode aprender com cada uma delas e sua vida sentimental, exaustivamente explorada pela mídia.

E, vamos combinar, se elas que têm a vida exposta passam por essas situações, por que você, mera mortal, não poderia?

JENNIFER ANISTON

Muitos podem pensar "A Jennifer? Sou mais a Angelina!" Mas, sejamos honestos, a Jennifer teve seu marido — o cara mais gato do planeta, na época — "roubado" pela mulher mais gata do planeta. Foi doloroso, foi humilhante e foi internacionalmente transmitido para quem quisesse ver. Jennifer, a coitadinha, a que não tinha chances contra a Jolie (e realmente não teve).

HILLARY CLINTON E MONICA LEWINSKY

A pisada de bola de Bill Clinton colocou essas duas mulheres sob holofotes — da pior maneira possível. Da série "As humilhações que as mulheres passam por causa de um homem"... Hoje, Hillary é uma das mulheres mais poderosas do mundo. Já a Monica, coitada, não consegue encontrar um bom trabalho...

MARIA DA PENHA

Nem precisa justificar, né? Ela passou a vida lutando para condenar um cara que tentou matá-la duas vezes, deixou-a paraplégica e ficou preso por... dois anos.

PRETA GIL

Porque ela não liga para dieta, gosta de aproveitar a vida e tem uma lista impressionante de ex-namorados gatos.

Jennifer Garner, Sienna Miller, Mia Farrow (e todas as mulheres que foram traídas dentro de casa)...
Homem não tem limite, né?

HÁ COISAS MUITO MAIS INTERESSANTES do que ficar por aí chorando a volta dos mortos vivos. Que tal fazer algo que sempre quis, mas vivia deixando para depois? Ou simplesmente algo inédito, longe da sua zona de conforto? Pois essa é a hora! Liste todas essas coisas e boa sorte!

( ) **Viva seu dia de Canal Off! Faça uma aula de surf, *stand up paddle*, voe de asa-delta ou faça uma trilha diferente.**

( ) **Vá a um karaokê e solte sua voz.**

( ) **Aprenda um idioma novo.**

( ) **Vá ao cinema ver um filme a que você normalmente nunca assistiria.**

( ) **Viaje para um destino diferente.**

( ) **Leia um livro de um gênero que provavelmente nunca leria.**

( ) **Faça um curso em uma área bem diferente da sua.**

O VOO DA ACEITAÇÃO

UFA, CHEGAMOS AO CÉU DA AMARELINHA? Ainda não... Mas estamos quase lá. Já conseguimos olhar para cima e pensar na possibilidade de voar. Acordar todo dia deixou de ser um sacrifício, as aulas de hebraico estão indo bem e a galera do boxe é animada para tomar chope na sexta-feira. Que bom.

A fase da aceitação é (finalmente!) a última desse longo processo, quando você, além de aceitar a perda, reconhece que há coisas boas adiante em sua vida. Eba! O vazio de antes foi sendo preenchido por coisas talvez inusitadas para muitos — curso de origami, zumba, salto de paraquedas ou chá hoasca... O importante é que você, depois de ter negado, esbravejado, de ter se deprimido, quase morrido e de ter negociado com o que quer que seja, conseguiu aceitar a perda e não usa mais aquela calça xadrez do pijamão surrado. A aceitação te dá asas!

Fazer planos é a melhor coisa para esse momento. Redecorar a sala, cortar o cabelo, descobrir um novo autor, tentar um estilo diferente de roupa, sapato ou cor de unhas. Tudo vale nessa hora.

O ex virou uma lembrança, às vezes boa, às vezes ruim. O importante é que, agora, você fala dele com naturalidade. Ele já não é mais um fantasma te assombrando o tempo todo e você já não é mais um zumbi! As mulheres lindas no metrô já não te incomodam mais, deixaram de ser vistas como ameaças. E você que, como na música do Só Pra Contrariar, antes não sabia o que fazer com essa tal liberdade, hoje sabe muito bem e, de repente, até já esteja se preparando para sair dela com outro — as mais apressadas talvez até já tenham saído.

É nesse jogo de equilíbrio que é a amarelinha —

ou o jogo do amor —, nessa fase você parece estar com os dois pés no chão e pronta para pular de novo... Você ainda não lançou sua pedra, não sabe para que casa vai, não sabe se vai acertar não sabe o que está te esperando na chegada. Mas está pronta para arriscar!

PASSANDO RECIBO

CARAMBA, já chegamos até aqui depois de tantas emoções. E agora, mais do que nunca, depois de muito refletir. Houve trilha sonora, narrativa literária, cineminha, psicanálise e terapia com os amigos no barzinho. Tanto foi dito e não dito a respeito de tudo o que você passou e está passando. Mas o tempo passa e a vida naturalmente se encarrega de te colocar novas questões, novas situações, novas atividades e novas pessoas pelo caminho. O distanciamento chega, inevitavelmente. Seus sentimentos agora parecem estar mais "organizados" do que antes.

Durante todo esse tempo, suas sofridas reflexões realmente tiveram efeito valoroso em seu processo de autoconhecimento, e você pôde entender e aclarar muitas das situações que antes pareciam cobertas de neblina. Não apenas você se compreende melhor agora, como também percebe os erros e acertos do outro, e de vocês como casal. Hora de analisar algumas questões mais friamente, tentando ser mais imparcial. No entanto, essa análise pode chegar a resultados que, dependendo da sua personalidade, precisarão ser compartilhados com esse outro... Aí é hora de "passar o recibo". Ou não.

Tem gente que gosta de debater a conta com o garçom: pede para especificar detalhes, checa os preços direitinho, pede desconto, abatimento, etc. Já outros preferem pagar a conta sem pleitear e ir embora, "no hard feelings", sem nem olhar para trás. As duas atitudes são válidas desde que sejam naturais e te tragam contentamento. O importante é encontrar o caminho que melhor te liberte de ressentimentos que você não quer acumular no seu corpo.

Muitas pessoas vão se sentar à frente do computador e pensar por longas horas na melhor maneira de finalmente expressar aquilo que têm a dizer. Questões de cunho psicogramatical irrompem madrugada afora, em uma tentativa quase parnasiana de busca pela perfeição das palavras: semântica, sintaxe, vocabulário, morfologia, interjeição...

Tudo precisa ser considerado, analisado, nada pode escapar à perfeição que você quer dar ao seu discurso. O ritual pode levar até dias, já que encontrar o mais adequado a dizer e libertar-se de sentimentos confusos e enrustidos não parece ser nada simples... Algumas moças, depois de escreverem uma mensagem enorme, toda trabalhada em um perfeito português normativo, preferem nem enviá-la e se contentam apenas em ver seu desabafo em forma de verbo.

Catarse em forma de palavra. E, mais uma vez, pedindo mil desculpas aos psicanalistas que tanto estudaram para sua formação, lembremo-nos de que há nos escritos de Lacan uma passagem que diz que uma carta sempre chega a seu destinatário.

108

E nem adianta se enganar: não existe coisa certa a ser dita. Há, sim, a expressão de algo que você quer, de alguma maneira, e por alguma razão, compartilhar. Mas é preciso que você esteja bem o suficiente para não se deixar levar apenas por impulsos vingativos e rancorosos.

Essa atitude precisa ser tomada quando você estiver mais segura do que quer ou do que não quer expressar, para não se arrepender depois. Palavras ditas e mensagens enviadas não podem ser borradas assim do mapa... "Passar recibo" não precisa ser um ato impensado de despeito e pura cólera e as palavras que eventualmente sairão de sua boca — ou e-mail, carta, inbox do Facebook — não precisam vir imbuídas de mágoa e ofensa, pelo contrário; escolha bem o que você vai dizer, se quer dizer alguma coisa.

POR UMA VIDA MELHOR

E EIS QUE, DE TODO ESSE PROCESSO ANGUSTIANTE, saiu uma coisa boa que não se pode deixar de perceber: você se descobriu uma pessoa muito mais forte do que pensava ser. Não necessariamente por não ter sofrido ou por ter negado seu sofrimento, mas exatamente pela razão contrária: por ter sofrido sem nenhuma vergonha e reconhecido suas fraquezas, sua vulnerabilidade e suas inseguranças.

Saber perder também faz parte do jogo, já dizia sua mãe. E esse reconhecimento só ajuda você a se conhecer ainda melhor. Só o sofrimento te faz sucumbir a emoções que antes você acreditava ser controláveis; só a tristeza te faz chegar a algumas reflexões que a trivialidade do seu estado normal de humor não pode alcançar. Talvez, no fundo, a vida às vezes precise de cenas romanescas de angústia profunda para que nos tornemos pessoas emocionalmente mais inteligentes, mais astutas.

Na medida certa, viver um drama temporário pode ser bem produtivo, depois de algum tempo, seja para que criemos uma coragem improvisada e abrupta em seguir adiante, seja para que descubramos uma alternativa inesperada porém muito mais interessante em nosso estilo de vida, ou em nossa maneira de ser.

Isso pode demorar semanas ou meses, quem sabe, cada um tem seu tempo. Mas o processo de transformação que uma verdadeira dor de cotovelo é capaz de trazer à tona, a longo prazo, pode ser uma verdadeira dádiva em nossa vida.

"A gente precisa andar para a frente", disse uma vez um namorado em uma despedida. Eu estava literalmente presa àquela cama, onde estávamos sentados discutindo o término do nosso relacionamento. Era como se uma força me sugasse para o chão, paralisando-me naquele momento, sem me deixar escolha, sem querer que ele fosse embora. Mas ele foi. Aliás, na verdade eu tive de ir embora porque a casa era dele... Como é difícil ver alguém querido sair de nossa vida. Seja por escolha nossa, do outro ou dos dois. A sensação de vazio que fica é quase insuportável.

Mas o *quase* é nossa resposta de não redenção total ao sofrimento. Nem sempre é fácil superar esse vazio, às vezes demora muito tempo. Preenchê-lo pode ser uma tarefa emocionalmente bastante desgastante.

Porque o vazio não precisa ser preenchido com outro cara, ou outra relação, mas com qualquer outro tipo de alimento para a alma. Ou quem sabe ele pode não ser preenchido nunca, simplesmente porque você decidiu não preenchê-lo e aprendeu a conviver e ser feliz com aquela perda, e isso não necessariamente significa que não haverá outros ganhos, muito pelo contrário. Aquele aprendizado te fez uma entusiasta muito mais fiel e devota das coisas boas da vida, dos momentos de felicidade e de pessoas queridas ao seu redor.

> *Andar para a frente parece ser uma grande novidade depois de tanto tempo em posição estagnada.*
>
> Os passos podem ser tímidos no início, mas para você aquilo é uma tremenda conquista e, ainda que haja muito a ser percorrido, o gostinho de triunfo dos primeiros passos é inestimável. Ufa, existe vida depois do ex, e uma vida boa, além de tudo.

UM CAFÉ E UMA PÁGINA VIRADA

EM CASA DE BOBEIRA, VENDO MAGIC MIKE XXL, você se sente feliz porque a tarde está quente, mas há uma brisa agradável quebrando a sensação de calor prolongada que se poderia criar caso não ventasse. Ah, a vida pode ser tranquila de novo, você pensa jubilosa. Um filminho bobo, um ator bonitão e a felicidade já te abre um sorrisão. Vontade de dar uma corrida na Lagoa e ver a luz do dia. Dar uma voltinha para ver as modas, como dizia vovó.

Há muita coisa que se pode fazer numa tarde de sábado produtiva — ou bem improdutiva, tudo depende do seu senso de humor vespertino. Correr, andar de bicicleta, ir ao cinema, chope na calçadinha do bar Urca, tarde com os amigos na casa da fulana, retomar a leitura de *Ulysses*, desistir de novo de ler *Ulysses*, abrir um pacote de Doritos e ver um filme do James Franco ou Jamie Dornan na Netflix.

Parece, enfim, que a vida se normalizou. A viagem de metrô até o trabalho não te traz mais mulheres acidentais que do nada se envolvem na trama amorosa da sua vida. O trajeto Botafogo – Carioca é agora apenas um trajeto no qual você se distrai lendo *Crepúsculo* (desistiu definitivamente de *Ulysses*). Falar mal do chefe tosco e da cafona do

RH tem te provocado ataques de riso que há muito não moviam os músculos da sua face.

Chega de ver *O Diário de Bridget Jones* em casa, algumas cenas já até perderam um pouco da graça. Você quer mesmo é assistir a filmes *cult* do Godard no cinema, para ter assunto com aquele povo mais moderninho que frequenta sua aula de yoga.

E é no meio de uma dessas tardes deliciosas de vida normal que seu celular recebe uma estranha mensagem de um número há muito esquecido pela memória do aparelho: é ele! Hã?? Ele? Ele ex?? Ele mesmo, confere de novo. Ele mesmo. O que será que ele quer depois de tanto tempo? Será que aconteceu alguma coisa? Pensando, pensando, pensando... Melhor ler de novo a mensagem para entender de uma vez o que ele quer.

E agora, gente? Por essa você não esperava... Depois de tanto tempo o cara me convidar para um café... Assim do nada. Estranho... Vou ou não vou? *Should I stay or should I go?*

Vá, se realmente quiser ir e se sentir preparada para encará-lo depois de tanto tempo.

Oi, tudo bem? Como você está? Soube pelo fulano que você foi pra Machu Pichu em abril, que bacana. Queria só saber como você está, vamos nos encontrar para tomar um café um dia desses? Me avisa quando fica melhor para você.

Beijos,
Fulano

Não vá, se desconfiar que isso te fará mal.

E não vá de jeito nenhum se tiver a certeza de que isso te fará muito mal!

Algo bom que o fim desse namoro te trouxe é poder ser egoísta no que restou dessa relação e colocar seus sentimentos acima dos dele. Porque antes você tinha que pensar em vocês como casal, ser generosa, pesar o lado dele, equilibrar desejos blá, blá, blá. Mas isso acabou.

Se você quiser deletar o cara para sempre porque só assim encontrará a paz, faça isso imediatamente. Se preferir dar uma desculpinha esfarrapada que deixe bem claro sua intenção de jamais encontrar com ele de novo, perfeito. Como na música do Cazuza, para que fingir que perdoou se a emoção acabou?

Mas se sua intenção é ir, prepare-se para qualquer coisa. Do melhor ao pior. Para começar, o frio na barriga nos primeiros minutos do encontro é inevitável. E isso não significa que você ainda goste dele. Não se engane! Em seguida, quando as borbulhas no estômago derem uma baixada, ele pode pedir um cappuccino e logo mencionar, assim do nada, que a nova namorada está se mudando para a casa dele... Pontada na barriga. Ou ele também pode pedir um expresso (ou um scotch) e confessar que ainda te ama loucamente e, como na música de Vinicius, não quer mais ser feliz sozinho.

E ele pode, finalmente e mais provavelmente, não falar nem uma coisa nem outra; não ter a intenção de nada além do café e apenas querer conversar para saber de você — afinal, vocês eram amigos, e ele deve sentir falta da sua companhia.

Mas fique atenta, se você decidiu vê-lo, nos momentos que precedem o encontro um turbilhão pode tomar conta de todo o seu corpo e você pode não conseguir parar de se perguntar o que ele realmente quer com você. Talvez o mais importante seja você não viajar no que acha que ele deve querer desse encontro, mas, ao contrário, focar no que você procura, se é que procura alguma coisa.

Pode ser que você queira ir só para vê-lo, afinal você também sente falta do amigo que tinha; pode ser para falar a respeito de algo que não conseguiu expressar naquele momento dramático da despedida mas tem necessidade de colocar para fora; pode ser só para pegar de volta o livro do Kerouac que ele nunca leu. Todas essas opções são válidas e apoiáveis. O importante é você estar consciente dos riscos, ganhos e dilemas que esse encontro possa vir a te trazer.

E, enfim, se decidir ir, relaxe e escolha uma cafeteria bem cara — para ele pagar a conta, claro. Fale o que tenha que falar (se quiser falar), aproveite seu café lindamente e não vá embora sem o seu livro do Kerouac.

E se prepare para a sensação incrível e libertadora de virar a página!

UMA COISA É CERTA, nada é tão libertador quanto uma viagem. E nada como viajar para um lugar diferente que te trará novas perspectivas, novos olhares, novas possibilidades. Sozinha, com os amigos, com as amigas ou com quem quer que seja, você tem diferentes destinos pelo mundo para se deliciar à sua maneira. Não precisa só comer, rezar ou amar. Você pode querer comprar, beber e se esbaldar na noitada todo dia (uepa!), pode querer curtir um passeio de avestruz na África do Sul ou pode simplesmente não querer fazer nada... Escolha seu destino!

HAVAÍ

ótimo destino para relaxar na natureza, passear por solos vulcânicos e ver altos gatos pegando altas ondas.

LAOS, CAMBOJA E VIETNÃ

para as que querem descobrir seu lado Angelina Jolie, desbravando esses pequenos países da Ásia.

NOVA YORK

para as que querem mesmo é cair no mundo do entretenimento, da noitada e das compras!

ITÁLIA

para quem quiser economizar comendo, rezando e amando em um mesmo lugar, já que a comida é boa, há muitas igrejas e os italianos são gatos.

> Tá tudo muito caro?
> Há pacotes mais econômicos!

BÚZIOS

é sempre uma boa opção, pois reúne, em uma cidade linda e pequena, a combinação de bons hotéis, bons restaurantes e muita gente bonita pelas ruas.

JALAPÃO

há muitos destinos de aventura no Brasil, você não precisa desbravar a parte mais obscura do mundo pra fazer rapel, trilha, escalada e afins.

SÃO PAULO

a Nova York brasileira!

SALVADOR

já ouvi em algum lugar que, como na Itália, essa terra reúne religiosidade, beleza, fartura de gastronomia e de homens com gingado especial!

ELE ATÉ QUE É BONITINHO

— Ai, sei lá, tô achando meio fraca a night hoje...
— Que isso, calma! A festa ainda nem começou, a night é uma *children*.
— Hunf... sei não, tô achando meio caída.
— Vamos andar mais para lá, acho que vi uma galera conhecida lá fora. Bora falar com eles?
— Quem são?
— Povo da aula de tecido.
— Ai, você e esses amigos esquisitos. Te contar, viu?
— Que isso, deixa de ser preconceituosa, galera bacana. Vamos lá.
— Calma, deixa eu terminar minha cerveja primeiro. Vou enfrentar essa galera de cara limpa não...
— Ai, chata, termina aí. Tu também adora falar mal de tudo, né?
— É. Hahahahahaha.
— Nãããão... Olha quem tá ali no canto?
— Quem?
— Posso virar e olhar?
— Pode, olha lá!
— Não... Thiagão do financeiro.
— Que cachorro!

— Veio sem a namorada. Ele sempre faz isso.

— Deixa a fulana em casa e vai para night sozinho.

— Depois fica pagando de bonzinho nas festas da firma... Ele é tão sem noção que até já chegou em mim!

— Jura??

— É, uma vez quando nos encontramos por acaso no Pavão Azul. Veio se chegando de fininho.

— Ridículo.

— Não pegava de jeito nenhum.

— Com essa cara de pastel...

— É fogo. Não dá para confiar.

— O que você fez?

— Me fiz da desentendida e vazei, claro.

— Papelão, hein.

— Pois é.

Silêncio e pausa para terminar a cerveja. Música rolando.

— Soube quem está se separando?

— Quem?

— Gisele.

— Que Gisele? A Bündchen?

— É. Diz que.

— Humm... Não acredito nessas fofocas.

— Mas diz que é verdade.

— Ai, não acredito, não. Bom, não sei, né.

— Pois eu acredito em tudo.

— Pode ser.

— Quer outra cerveja?

— Quero.

— Vamos lá falar com a galera do tecido.

— Ai... Tá bom.

— E aí, Francisco? Tudo bem?

— Meninas, tudo bem? Tão sabendo quem vai tocar hoje?

— Quem?

— Meu primo, o Pedrinho.

— Ah, legal, não sabia que ele tinha voltado. Ele não tava viajando?

— Tava em Barcelona, foi tocar lá. Ficou um ano.

— Legal, ele já tá aqui?

— Já, daqui a pouco ele aparece aqui no bar.

— Blá, blá, blá, blá, blá.

— Chega aqui... Vem cá.

— Que foi?

— Fala baixo, shiiiu.

— Ai, o que que foi?

— Disfarça e vem aqui, menina. Ô Chico, rapidinho que eu vou com ela comprar uma cerveja.

— Beleza, tô por aqui, meninas.

— Valeu, até mais! Deixa eu te falar... O primo dele é bonitinho, menina!

— Oi? Quem é o primo, eu conheço?

— Não, acho que você não conheceu... Mas ele é bonitinho, sua cara.

— Ai, não, odeio essas coisas.

— Calma aê, você ainda nem viu o cara.

— Putz, sabia que teria alguma furada essa noite. Você é foda...

— Cara, acabei de pensar nisso agora, não foi armado, não! Nem sabia que o Pedrinho vinha! Deixa de ser chata.

123

— Cara, você sempre faz isso...

— Como assim sempre faço isso? Quando eu fiz isso??

— Pô, naquela vez na festa do Antônio.

— Oi??

— Com aquele menino mala, acho que era Rafael.

— Ah, nem vem, você ficou super a fim do cara, só ajudamos.

— O quê??? Nada disso, achei o cara um mala!

— Cara de pau, hein? Ficou amarradona no cara! Deu seu WhatsApp pra ele e tudo.

— Claro, né, hoje em dia não dá mais para dar telefone errado...

— Até parece, ficaram trocando mensagem um tempão.

— Porque o cara era mala e ficava ensebando.

— Humm, sei, sei.

— Não vou discutir.

— Chico tá vindo com Pedrinho.

— Ai, onde?

— Meninas! Meu primo, Pedrinho.

— Oi, tudo bem?

— Prazer.

— Tudo tranquilo?

— E aí, como foi Barcelona?

— Blá, blá, blá, blá, blá, blá, Barcelona

— Blá, blá, blá, blá, blá, Istambul

— Blá, blá, blá, blá, blá tecido

— Blá, blá, blá, blá, blá, blá escritório

— Blá, blá, blá, blá, blá, blá Circo Voador

— Blá, blá, blá, blá, blá documentário do Woody Allen

— Blá, blá, blá, blá, blá, blá... não gostei

— Blá, blá, blá, blá, blá, blá, blá também não gosto
— Blá, blá, blá, blá, blá, blá, babá da Gisele Bunchen
— Blá, blá, blá, blá, blá, blá Kerouac
— Blá, blá, blá, blá, blá, blá... E os hipopótamos foram cozidos em seus tanques
— Blá, blá, blá, blá, blá, blá, *Crepúsculo*
— Blá, blá, blá, blá, blá, WhatsApp.

— Viu, boba! O Pedrinho é fofo. Vocês conversaram para caramba.
— Foi mesmo.
— E aí?? O que rolou?
— Ah, sei lá... a gente só conversou.
— Mas você gostou dele?
— Ai, não sei.
— Sim ou não?
— Acho que gostei...
— Acha?
— É... pode ser. Ele até que é bonitinho, né?

— FULANA, DEIXA EU TE CONTAR: o Pedrinho me chamou pra sair. É, eu também não acreditei. Finalmente conseguimos marcar. Demorou, né, menina? Ficamos semanas no lenga-lenga, ele teve que viajar e eu até achei que o negócio iria morrer. Isso dele trabalhar à noite é fogo. Mas hoje ele não vai tocar e finalmente vamos ao cinema. É, isso. Aquele com o Ricardo Darín. Vestido ou calça jeans? Não sei, não quero parecer muuuito arrumada, não. Ele é meio hipster, né? Se eu for com aquele pretinho não vamos ornar como casal... Talvez aquela saia longa. Ou o florido. Humm... tô meio ansiosa. Cara, não tem muito a ver comigo, mas gostei dele... Nem tava tão a fim no começo, mas acabei me interessando. Que coisa, né?

• • •

— Conta tudo.
— Menina, foi bacana.
— Bacana?
— É.
— Só bacana? Conta mais.
— Foi bem legal.
— Humm, prossiga.

— Ah, gostei do cara. Papo bom, vibe legal. Achei bonitinho.
— Mais detalhes, por favor!
— Fomos ao cinema. Ele escolheu bem o filme. Adorei! Depois fomos tomar um chope no bar do Manuel. Afff, Thiagão do financeiro tava lá.
— Putz, esse aí tá em todas. Nem vamos perder tempo com esse cara. Mas, e aí? E depois?
— Tomamos chope, ele é super bem-humorado. Falou de quando ele morou em Barcelona. Ele namorou uma espanhola, a mulher deu o cano nele. Ih, maior história. Depois te conto. Me segurei para não rir.
— Hahahahaha. E depois?
— Ele tá morando no Jardim Botânico, com um amigo. Ele tá trabalhando num projeto pra televisão agora, compondo música pra um canal. Bem legal. Eu falei do fulano, mas nem entrei em detalhe, né.
— Claro, né.
— Debatemos o filme durante horas. Achei que ele viajou um pouco nas análises. Como gosta de falar! Mas defendi minha posição.
— Humm. Tô achando tudo ótimo.
— É, foi ótimo mesmo. Adorei, sabia? Final da noite eu já tava achando ele tão fofo... Aí a gente se beijou...
— Jura?? Que maravilha!
— Ai, foi muito legal, sim... Vamos ver o que vai rolar.
— Ele já te mandou mensagem hoje?
— Ainda não. Você acha que eu devo mandar?
— Não. Espera ele mandar. Ele tava super na sua, vai dar sinal daqui a pouco.
— Ai, tomara.
— Vai, boba. Pode acreditar que ele vai.

SUPERADA A ÉPOCA DA FOSSA SINISTRA, é hora de apagar a velha playlist da dor de cotovelo e começar a escutar algo novo. Houve momentos para Adele, mas agora há de existir momentos para Justin Timberlake! Jogue a nova playlist no celular e saia por aí cantando!

"Happy" – Pharrell Williams

. . . .

"Felicidade" – Marcelo Jeneci

"Can't Stop the Feeling" – Justin Timberlake

. . . .

"Wake Me Up Before You Go-Go" – Wham!

. . . .

"Dog Days Are Over" – Florence and the Machine

"Vou desafiar você" – MC Sapão

"O que é, o que é?" – Gonzaguinha

. . . .

☺ COMER PASTEL COM CALDO DE CANA em pé no boteco da rua ao lado.

☺ Dublar uma música da Lady Gaga tentando acompanhar na coreografia.

☺ Tocar uma campainha aleatória e sair correndo.

☺ Em um bar bem barulhento, organizar uma viagem com as amigas (ainda que ela nunca aconteça).

☺ Fazer uma maratona de filmes ou seriado na Netflix, comendo Cheetos e pipoca à vontade e sem culpa.

☺ Ir à praia e ficar atolando a mão na areia.

☺ Ver uma criança fofinha e gulosa comendo sorvete.

☺ Se achar a Fernanda Keller só porque correu meia hora no calçadão (depois de ter comido sozinha uma lasanha inteira).

☺ SEM QUERER assistir a um programa ridículo na TV, afinal você estava só "trocando de canal quando viu".

☺ Chegar em casa e tirar o sapato.

☺ Tomar chope sozinha num final de tarde enquanto olha os transeuntes.

AS REGRAS E O JOGO

Como em um jogo de amarelinha, no jogo do amor você caminha em direção ao Céu, pulando e avançando casas. Não se pode perder o equilíbrio nunca. Às vezes, com um pé só, às vezes, com os dois. Tudo depende da casa em que você parar. Há casas mais estáveis, há casas em que você precisa de muito jogo de cintura para se manter de pé... Quem cair tem de passar a vez ao próximo. Tem sempre gente esperando atrás! Muita concentração, foco e mira na casa da vez. O jogo avança. E finalmente você chegou ao CÉU!

Mas quem conhece as regras do jogo sabe que, uma vez tendo chegado ao Céu, é hora de voltar todo o caminho para buscar aquela pedrinha deixada para trás. Mais uma vez, você percorre as mesmas casas que antes já te levaram ao Céu, talvez agora com mais confiança nas suas jogadas.

Porém, cuidado! Há sempre o risco de desequilíbrio, não importa onde você esteja. Melhor ficar atenta. E não vale atirar a pedra para fora dos limites da casa... Foco no seu número.

E, depois de voltar ao início, quando você pensa que já chegou no percurso final... Tem ainda mais uma volta a percorrer. E mais casas para pular! Mas é assim mesmo, o Céu já vai chegar...

Depois de toda essa metáfora quase fantástica, vale dizer que na vida real as regras do jogo são um pouco diferentes. Todo mundo vai, inevitavelmente, se desequilibrar e cair em algum momento. E o caminho até o Céu pode ser longo e cheio de derrapadas. Jogadores avançam e retrocedem o tempo inteiro, sem ordem de largada nem chegada.

Outros jogadores vão se juntando à brincadeira e entrando na sua jogada. Alguns vão saindo de fininho, sorrateiros, enquanto outros partem com violência. Demora-se uma vida para se chegar ao Céu e, às vezes, quando você finalmente consegue chegar, acha que ele nem é tudo isso que você imaginava. Decepção grande, frustração maior ainda.

O segredo do jogo está, então, em tentar se divertir e ser feliz com as jogadas inesperadas que surgem ao longo do caminho, em meio a desequilíbrios e tropeços. O jogo é o próprio caminho. De casa em casa, em um ou dois pés, é preciso tentar aproveitar cada pedra atirada à sorte: avançar, avançar, avançar e também cair. Acontece.

Esperamos, então, a melhor hora de voltar para a brincadeira — e cair de novo, desistir, voltar para o início e tentar seguir nosso caminho novamente, agora com mais equilíbrio e firmeza. O Céu sempre estará lá, nos esperando. Mas é no caminho que aprendemos a jogar de verdade.

AGRADECIMENTOS

Agradeço primeiramente a meus pais, por terem me acompanhado na jornada incessante da minha vida.

Agradeço especialmente à minha agente literária, Lívia Martins, e a todas as meninas da Increasy, por entenderem o que este livro é: uma brincadeira muito, muito séria!

Obrigada a toda equipe da BestSeller pelo apoio neste livro. A minha editora, Raïssa Castro, e especialmente ao Thiago Mlaker, por ter apostado neste projeto desde o início (e seguido até o fim).

Às amigas Didi, Helena e Isabela, pelo Baixo Gávea, pelos champanhes, pelos corações partidos.

A James Cantre e Mariana Freitas, por me incentivarem a escrever este livro em uma noite assim qualquer de cervejinha e batata frita.

A Fernanda Souza e Vanessa Ruivo, pelo companheirismo de toda a vida.

A Giovanna Barbieri e Janaína Calonga, pelo vinho e pela China. Viva o Whatsapp!

Este livro foi composto nas tipologias ITC Novarese Std e ITC Officina Sans Std e impresso em papel Couche Fosco 115 g/m², na Prol Gráfica .